MONOGRAPHIE

DE LA

Province de Longxuyên

(COCHINCHINE)

龍 川 省

PAR

VICTOR DUVERNOY

Chef de Bureaux des Services Civils de l'Indochine.

41 photographies et 4 cartes

ÉDITIONS DU *MONITEUR DE L'INDOCHINE*

HANOI

—

M.CM.XXIV

MONOGRAPHIE

DE LA

PROVINCE DE LONGXUYÊN

(COCHINCHINE)

LISTE CHRONOLOGIQUE DES INSPECTEURS ET ADMINISTRATEURS DE LA PROVINCE DE LONGXUYÊN DE 1868 A 1923

C. Alexandre	Mai 1868-Janvier 1869.
A. Paulinier	Janvier 1869-Novembre 1869.
C. Lucas	Novembre 1869-Juin 1870.
C. Eymard Rapine	Juin 1870-Septembre 1870.
A. Gay de Taradel	Septembre 1870-Janvier 1871.
E. Villard	Janvier 1871-Mai 1871.
Durand Saint Amand	Mai 1871-Juin 1871.
J. Puech	Juin 1871-Avril 1873.
E. Villard	Avril 1873-Janvier 1874.
A. Henry	Janvier 1874-Février 1875.
A. Huynh de Verneville	Février 1875-Janvier 1876.
E. Brière	Janvier 1876-Juillet 1878.
A. Henry.	Juillet 1878-Avril 1882.
G. Bertin	Avril 1882-Septembre 1883.
V. Chenieux.	Septembre 1883-Février 1884.
V. Bes d'Albaret	Février 1884-Juillet 1884.
O. Caffort	Juillet 1884-Avril 1885.
E. Bertin d'Avesnes	Avril 1885-Janvier 1886.
E. Chenieux.	Janvier 1886-Août 1886.

LAFFONT	Août 1886-Janvier 1887.
GAILLARD	Janvier 1887-Mars 1887.
BERTIN D'AVESNES	Mars 1887-Janvier 1890.
BOS	Janvier 1890-Septembre 1890.
HENRY	Septembre 1890-Janvier 1894.
DOCEUL	Janvier 1894-Septembre 1894.
CRESTIEN	Septembre 1894-Août 1896.
BARTHOUIL DE TAILLAC	Août 1896-Juillet 1903.
CABANNE DE LAPRADE	Juillet 1903-Novembre 1905.
MOREAU	Novembre 1905 Août 1907.
VALENTIN	Août 1907-Avril 1909.
O'CONNELL	Avril 1909-Août 1912.
CABANNE DE LAPRADE	Août 1912-Septembre 1913.
RENAULT	Septembre 1913-Novembre 1913.
DAVOINE	Novembre 1913-Novembre 1914.
HUBERT DELISLE	Novembre 1914-Décembre 1915.
LE BRET	Décembre 1915-Mai 1920.
LÉON MOSSY	Mai 1920-Avril 1923.
HENRI POMMEZ	Juin 1923.

CHAPITRE PREMIER
GÉOGRAPHIE PHYSIQUE

LA PROVINCE DE LONGXUYÊN 龍川省

Est située à l'Ouest de la Cochinchine, sur le Mékong ou fleuve antérieur et le Bassac ou fleuve postérieur, entre le 102°38' et le 103°50' de longitude Est et le 10°5' et le 10°55' de latitude Nord.

Ses limites sont :

Au Nord et à l'Ouest : la province de Chaudoc
Au Sud : les provinces de Rachgia et de Cantho
A l'Est : les provinces de Sadec et de Tânan.

Sa superficie est de 261.090 hectares dont :

    120.431 ha 97 de terrains de rizières
      6.951   38 de terrains d'habitation et de cultures diverses.
    133.706   65 de terrains de friche

    261.090 ha 00

Le tableau ci-après fait ressortir les modifications progressives survenues dans l'état des terrains pendant la période comprise entre les années 1898 et 1923.

ANNÉES	RIZIÈRES		CULTURES DIVERSES		TERRAINS EN FRICHE	
	hectares		hectares		hectares	
1898	41.770	67	8.601	03	210.718	30
1899	41.967	77	8.563	52	210.558	71
1900	44.177	57	8.472	17	208.444	26
1901	46.481	44	8.578	30	206 030	26
1902	47.029	04	8.525	55	205 535	41
1903	47.717	20	8.279	07	205.093	73
1904	53.598	59	7.693	83	199.797	58
1905	59.101	31	7.827	71	194.160	98
1906	60.483	35	7.871	29	192.735	36
1907	63.394	98	7.999	53	189.655	47
1908	66.602	90	7.885	36	186.601	74
1909	67.295	83	7.518	06	186.276	11
1910	67.830	93	7.717	65	185.541	42
1911	67.595	15	7.491	72	186.003	13
1912	67.970	08	7.455	68	185.664	24
1913	70.247	69	7.479	88	183.362	43
1914	47.700	20	6.725	80	179.664	00
1915	78.010	76	6.736	39	176.342	85
1916	81.410	62	6.749	42	172.929	96
1917	86.927	84	6.735	86	167.426	30
1918	97.472	05	6.556	25	157.061	70
1919	97.253	22	6.577	93	157.258	85
1920	103.710	94	6.540	07	150.838	99
1921	119.560	27	5.998	45	135.531	28
1922	123.227	33	5.984	01	131.878	66
1923	120.431	97	6.951	38	133.706	65

Le chef-lieu est situé au confluent du sông Bassac et du rach Longxuyên. Ci-après sa distance de Saigon, de Mytho et des chefs-lieux des provinces limitrophes :

	Voie terrestre	Voie fluviale
de Saigon	184 kil. par Sadec.	309 kil. par Chaudoc
	217 kil. par Cantho	(bateau de l'Ouest)
de Mytho	113 kil. par Sadec	
	146 kil. par Cantho	121 kilomètres
de Chaudoc	91 kil. par Triton	
	50 k 863 par Binhtuy. . . .	54 kilomètres
	(route provinciale n° 48) . . .	
de Rachgia	184 k 100 par Cantho. . . .	64 kilomètres
de Sadec	46 k 840.	43 kilomètres
	(y compris la traversée	
	du Bassac).	
de Cantho	62 k 900.	57 kilomètres

Nature du sol. — La province de Longxuyên est peu élevée au-dessus du niveau de l'eau, aussi se trouve-t-elle en grande partie inondée chaque année au moment des hautes eaux. Son sol, sablonneux en quelques endroits, est surtout composé d'argile grisâtre.

Vents, saisons, climat. — Comme tout le reste de la Cochinchine, Longxuyên est soumis au régime des moussons. D'avril à novembre le vent soufle du Sud-Ouest apportant les vapeurs du Golfe de Siam : c'est la saison des pluies. Mais ces pluies ne tombant pas toujours régulièrement, il s'ensuit souvent que les récoltes dépérissent soit par manque, soit par excès d'eau. De novembre à avril le vent arrive du Nord-Est, c'est la saison sèche.

La température varie entre 20° et 30°.

Longxuyên est une des provinces les plus saines de la Cochinchine ; on y respire, en effet, un air pur venant soit de la mer, soit du grand fleuve. C'est donc bien à tort qu'on lui a fait la réputation d'un poste peu agréable et infesté de moustiques : ces insectes n'y sont pas en plus grand nombre qu'ailleurs et nous dirons même qu'il y en a moins que dans certaines provinces.

Massifs montagneux. — Au-dessus de la plaine s'élèvent deux petits massifs montagneux, celui de Núi-Sập et celui de Núi-Ba-Thê.

Le massif de Núi-Sặp, situé sur la rive droite du canal de Rach-Gia, en descendant sur Longxuyên, comprend le Núi-Sặp proprement dit ou Núi-Ong qui a 86 mètres d'altitude, le Núi-Ba et le Núi-Cậu.

Le massif de Núi-Ba-Thê, situé sur la rive gauche du même canal, à la limite des provinces de Rach-gia et Longxuyên comprend le Núi-Ba-Thê proprement dit qui a 210 mètres de hauteur, le Núi-Chóc, le Núi-Troi et le Núi-Tượng.

Ces deux massifs sont reliés entre-eux par le canal de Ba-Thê qui a une longueur de 15 kilomètres.

Fleuves. — La province de Longxuyên est située sur deux fleuves : le Bassac ou fleuve postérieur et le Mékong ou fleuve antérieur. C'est après avoir franchi la frontière du Cambodge et traversé la province de Chaudoc que ces deux fleuves arrivent à Longxuyên.

CRUES. — INONDATIONS

La province, par sa situation, subit annuellement les crues du Mékong et du Bassac. La crue commence généralement à se faire sentir en juillet et atteint son point culminant en octobre. La décrue a lieu dans le courant de novembre. La crue a atteint en 1904 la cote la plus haute qui ait été observée : 4.14.

Cette année là, il y eut dans la province entière un véritable désastre. Les paillottes furent inondées de plus de deux mètres et leurs habitants durent construire des soupentes juste au-dessous de la toiture dans laquelle il leur fallut pratiquer des ouvertures tenant lieu de portes.

Tous les animaux de basse-cour périrent.

La récolte fut entièrement perdue et l'Administration fut obligée, par des distributions de riz, de conjurer la famine qui menaçait de sévir sur la population.

Au Chef-lieu, les rues furent recouvertes de 60 à 80 centimètres d'eau et l'on ne pouvait y circuler qu'en barque. La plupart des européens occupant des maisons à étage se virent dans l'obligation d'abandonner le rez-de-chaussée et de se retirer à l'étage. Ceux qui habitaient des maisons à rez-de-chaussée n'eurent qu'une seule ressource, celle de faire fermer le bas de l'ouverture des portes au moyen de plusieurs couches de briques cimentées, et encore y avait-il toujours un peu d'eau qui réussissait à s'infiltrer par le carrelage.

Ph. Ch Davant

Inondation de 1923. La rue du Tribunal.

Ph. Ch. Davant

Inondation de 1923. La place du Tribunal.

En 1923, l'inondation n'a pas été aussi funeste, mais il s'en est fallu de peu. Beaucoup de paillottes furent, en effet, envahies par les eaux à un point tel qu'on dut, comme en 1904, construire des soupentes et sortir par le toit. Le niveau des eaux a été inférieur de 34 centimètres à celui atteint en 1904. Les deux tiers au moins de la récolte ont été détruits et, cette fois encore, l'Administration a dû venir en aide aux sinistrés.

Le tableau ci-dessous donne un aperçu des cotes maxima des P. H. E. en saison des crues depuis 1911. Toutes les cotes sont rattachées au Nivellement général de la Cochinchine.

Années	1904	1911	1912	1913	1914	1915	1916	1917	1918	1919	1920	1921	1922	1923
Hauteurs	4,14	3,36	3,25	3,27	3,44	3,08	3,21	3,25	3,59	3,47	3,30	3,43	3,55	3,80

VOIES DE COMMUNICATIONS

Routes

La province de Longxuyên, dotée naturellement d'un important réseau de voies navigables, possède en ce moment un réseau routier en cours de développement ;

Par arrêté en date du 18 juin 1918, le Gouverneur Général a classé toutes les routes de l'Indochine en routes Coloniales, Locales, Provinciales et Communales. Avant de donner la liste des routes de la province actuellement en exploitation, il nous a paru utile de jeter un coup d'œil rapide en arrière afin de mieux faire apprécier les progrès qui ont été réalisés dans le développement des routes depuis 1905.

Antérieurement à cette date, les communications terrestres étaient presque nulles pour un pays aussi vaste. Longxuyên était isolé des autres provinces. Les communications avec les pays voisins se faisaient par voie fluviale.

Jusqu'en 1903, la route de Longxuyên-Thotnot (anciennement route Coloniale n° 4 jusqu'au rạch Cân-Dước et chemin vicinal du rạch Cân-Dước à Thôtnôt) n'avait de route que le nom. En effet, elle n'était carrossable que sur les 5 premiers kilomètres à partir de Longxuyên et sur le reste du parcours elle n'existait qu'à l'état de terrassements ou de pistes où seuls les piétons et les cavaliers pouvaient circuler.

La mise en état carrossable de la route Longxuyên-Thôtnôt et de Thôtnôt à la limite de Cantho (fut poursuivie sans relâche jusqu'en 1912, date à laquelle la province fut reliée à la province de Cantho.

Depuis une dizaine d'années, sous une impulsion nouvelle, le réseau routier du pays s'est beaucoup développé et amélioré.

C'est ainsi qu'on a entrepris depuis 1919 la construction de la Route Lo cale n° 8, reliant Saigon à Longxuyên en passant par Sadec. Cette rout est en voie d'achèvement. Les terrassements sont terminés, les ponts provisoires à construire sur les déviations sont en cours de montage.

L'empierrement suspendu cette année par l'arrivée prématurée de la crue, sera poursuivi l'année prochaine et la route sera automobilable vers fin 1924.

Les travaux de construction de la Route Locale n⁰ 9 — reliant Saigon à Hatiên en passant par Sadec, Longxuyên et Triton sont également sur le point d'être terminés. Cette voie emprunte sur 11 k. 630, l'ancienne route Coloniale n⁰ 4 (section Longxuyên Năng-gù. Les ouvrages d'art sont en cours d'exécution et si rien ne vient entraver la marche des travaux, la section comprise dans la Province de Longxuyên, quoiqu'elle soit encore en terrassement, sera praticable, vers fin 1924, aux automobiles pendant six mois de l'année au moins.

La mise en circulation de ces deux routes, qui ne sont, somme toute, que le prolongement l'une de l'autre, aura une grosse repercussion sur la vie économique du pays. En effet, jusqu'ici Longxuyên était considéré comme le point terminus; l'ouverture de ces deux routes, tout en le débloquant, permettra à l'Ouest Cochinchinois d'avoir accès au Cambodge par voie de terre.

En même temps que se poursuivaient les travaux de construction de ces deux grandes voies de communication, l'administration provinciale faisait remettre en état la route Communale n° 3, classée depuis le 31 août 1923 comme route Provinciale n⁰ 48.

Cette route située le long du Bassac relie directement Longxuyên à Chaudoc.

Le tableau ci-dessous donne la situation actuelle du réseau routier de la Province de Longxuyên.

DÉSIGNATIONS DES ROUTES	LONGUEUR EMPIERRÉE	LONGUEUR EN TERRASSEMENT CARROSSABLE PENDANT 6 MOIS AU MOINS	LONGUEUR A CONSTRUIRE OU EN TERRASSEMENTS IMPRATICABLES AUX VÉHICULES PENDANT PLUS DE 6 MOIS	TOTAL	OBSERVATIONS
	km.	km.	km.	km.	
ROUTES LOCALES					
Route locale n° 8.					
De Saigon à Rachgia par Sadec et Longxuyên — (partie située dans la province) . . .	9.351 (1)	»	13.240	22.591	(1) Partie commune à la route provinciale n° 39.
Route locale n° 9.					
De Saigon à Hatiên par Sadec, Longxuyên et Triton	»	»	37.760	37.760	
ROUTES PROVINCIALES					
Route provinciale n° 39.					
De Longxuyên à Cantho.	22.985 (1)	»	»	22.985	(1)Nom compris la partie empierrée commune à la route locale n° 8 — La longueur de la route provinciale n° 39 de Longxuyên jusqu'à la limite des provinces est de 32 k 336
Route provinciale n° 41.					
De Longxuyên à Chomoi.	»	. »	22.200	22.200	
Route provinciale n° 48.					
De Longxuyên à Chaudoc le long du Bassac. .	»	»	9.983	9.983	
Routes communales.					Nom compris la partie commune à la route locale n°9 sur 11 k. 630.
Route n° 1 de Bathê à Nuí-sâp.	»	»	12.000	12.000	
Route n° 2 de la route locale n° 9 à Vinh-Hanh et à la frontière de Chaudoc par Mac-Cân-Dung	»	»	24.000	24.000	
Route n° 4 — Route circulaire Binh-Thuy. .	»	»	15.700	15.700	
Route n° 5 de Thotnol à Thanh-An et Thanh-Quoi.	1.500	10.500	13.000	25.000	

DÉSIGNATIONS DES ROUTES	LONGUEUR EN EMPIERRÉE	LONGUEUR EN TERRASSEMENT CARROSABLE PENDANT 6 MOIS AU MOINS	LONGUEUR A CONSTRUIRE OU EN TERRAS-SEMENTS IMPRATI-CABLES AUX VÉHICULES PENDANT PLUS DE 6 MOIS	TOTAL	OBSERVATIONS
	km.	km.	km	km.	
Route n 6º de An-Hoà à Vàm-Công Dinh-Yên.	»	»	17.000	17.000	
Route nº 7 de Lâpvo à Tân-Binh	»	»	3.500	3.500	
Route nº 8 de Chomoi à My-Luông et à la fron-tière de Sadec. . .	»	20.300	»	20.300	
Route nº 9 de la route provinciale nº 41 à la route commanale nº 8 par le canal Chàvà .	»	»	4.500	4.500	
Route nº 10 —Route cir-culaire Culaogiêng .	»	»	29.000	29.000	
Route nº 11 — Bassac Bung-Binh. . . .	»	»	1.7	1.700	
Route nº 12 à Vàm-Nao et My-Hôi-Dông . .	»	»	15.000	15.000	
Rues du centre de Long-xuyên	11.224	»	»	011.224	
	45.060	30.800	218 583	294.413	

CANAUX

En outre de son important réseau de voies fluviales, la province compte de nombreux canaux qui assurent, d'une part, la communication entre les régions desservies par les rachs, d'autre part, le drainage des terres qu'ils traversent.

Ces canaux ont été creusés soit à main d'homme, soit au moyen de drague.

C'est sous le règne de l'Empereur Minh-Mạng, en 1817, que fut creusé le canal de Thoai-Sơn qui relie Longxuyên à Rachgia. Les travaux furent exécutés sous la direction du Grand Mandarin Thoại-Ngọc-Hầu dont nous aurons à parler plus loin.

Il a été curé la première fois en 1897 et une seconde fois en 1914. Cette voie est navigable pendant toute l'année. Ce canal dessert les villages de Định-Mỹ et de Thoại-Sơn.

Le tableau ci-après donne la liste des divers canaux de la province.

DÉSIGNATION DES VOIES	LONGUEUR		LARGEUR	PROFONDEUR	CENTRES IMPORTANTS RENCONTRES
	totale	dans la province			
VOIES PRINCIPALES					
Coupure du Rach. Longxuyên au Bassac (1)........	0 k.700	0 k.700			Dinh-my
Canal Longxuyên à Rachgia (2) .	43 000	14 600	30 m	5 m	Thoaison
					Binhninh
					Tân-binh-
Canal de Lâpvo à Sadec (3) . .	19 000	8 500	35	6	dông.
					Tân-thanh-
					trung.
					Thanh hoà
Thotnot à Caibé (4).	38 000	13 500	24	4 m 40	trungnhi
					Thanh-Phu
Chàvà (5).	4 500	4 500	20	4	Myluông
Canal Mac-Cân-Dung (nouveau)(6).	42 455	18 100	20	3 50	Cân-Dang
					Thoi thuân
Bassac au Rachsoi (7)	55 832	28 700	30	4	Thoi tây-trung.
VOIES SECONDAIRES					
Canaux d'irrigation pour la petite batellerie pendant des hautes eaux.					
Canal de Tân-Duc (8)	6 k.000		10 m	1 m 50	
Camau	11 000		8	2 00	
Cai-got	10 000		8	2 00	
Chac-cà-dao	9 760		5	2 00	
Ba-Chiên	9 000		5	2 00	
Caisao	5 000		3	1 50	
Tham-rôn	20 000		10	2 50	
Bo-Ao	7 400		10	2 00	
Mac-cân-dung . . .	12 000		10	2 00	
Trà-bông	4 000		8	1 50	
Nui-Sâp	2 000		10	3 00	
Ba-Thê	12 000		10	3 00	
Bung-binh	2 368		10	3 00	
Long-ho	4 000		8	1 50	
Cai-xoai	3 000		8	3 00	
Cai-dâu	2 000		5	2 00	
Côt-Buôm	1 390		8	1 50	

(1) Creusé en 1897 par les dragues.
(2) Navigable en toute saison.
(3) Creusé en 1905 curé en 1920 navigable en toute saison.
(4) Creusé en 1908 navigable en toute saison voie de communication et d'irrigation.
(5) Creusé à main d'homme en 1901 élargi et approfondi par la drague en 1917-1918
(6) Dragué 1919-1920 navigable toute l'année.
(7) Dragué le 13-3-1922 terminé le 24-9-23 navigable en toute saison.
(8) Creusé à main d'homme.

Ponts

La route provinciale n° 39, autrement dite la route de Longxuyên-Cantho, située le long du Bassac coupe de nombreux cours d'eau et on a du, afin de ménager des débouchés soit à la navigation soit à l'irrigation du pays, construire de nombreux ponts pour les franchir.

On rencontre sur cette route pour la partie située dans la province de Longxuyên 27 ponts métalliques, 1 pont en béton armé et 6 ponceaux en maçonnerie. La longueur totale de ces ouvrages est de 1.009 mètres.

Les ponts métalliques existants sont du système portatif « Eiffel ». Ces ouvrages qui étaient suffisants à l'époque où ils ont été construits ne répondent plus, aujourd'hui, aux besoins de la circulation. Ces ponts sont à une voie et leur entretien est fort coûteux, aussi leur remplacement par des ponts définitifs en béton armé est-il envisagé.

Les nouveaux ouvrages seront à une ou à deux voies et seront susceptibles de supporter, quelle que soit leur longueur, les surcharges prévues par les circulaires ministérielles :

Avant de donner la nomenclature de tous les ponts existant sur cette route, il nous a paru utile de citer spécialement quelques ouvrages, les plus importants de la province.

Pont-Levis.

Cet ouvrage, construit en 1899, au temps de M. l'Administrateur Barthouil de Taillac, est situé sur la coupure du Rạch Longxuyên au Bassac et à l'origine de la Route provinciale nº 39.

Ph. Ch. Duvant

Le Pont-Lévis baissé.

Ph. Ch. Duvant.

Le Pont-Levis ouvert.
(sur la coupure de rạch Long-Xuyên).

Il mesure 24 mètres de longueur sur 3 mètres de largeur. Il se compose essentiellement d'une travée en acier reposant sur deux culées en maçonnerie Cette travée est divisée en deux volées de même longueur, mobiles autour d'un axe, de façon à pouvoir, en se relevant, dégager complètement le canal quand les besoins de la navigation l'exigent.

PONT « HENRY ».

Comme son nom l'indique, cet ouvrage a été construit en 1892 sur le Rach Longxuyên du temps du Commandant Henry, Inspecteur des affaires indigènes. Ce pont situé au km. 1 : 142 de la Route provinciale n° 39 est

Ph. Ch. Davant

Le Pont « Henry »
(reliant les villages de Mỹ-Phước et de Bình-Đức).

le plus important de la province. Il est du système « Eiffel » type 2 et mesure 176m80. Il se compose de sept travées dont une centrale mesurant 5,20 de largeur, pour permettre le croisement des véhicules. Cet ouvrage se repose aux extrémités, sur des appuis en maçonnerie, et sur six palées doubles intermédiaires dont quatre sont renforcées par des pylônes et des pieux d'accorage.

Pont de Thotnot.

Cet ouvrage a été construit du temps de l'Administrateur Barthouil de Taillac, sur le Rạch Thôtnôt. Il est situé au km 19 : 099 de la route pro-

Ph. Ch. Davant

Le pont de Thotnot.

vinciale n° 39. Ce pont du même type que le pont « Henry », mesure 135 mètres de longueur et se compose de cinq travées avec quatre raccords sur palées avec refuges.

Ci-après la liste des ouvrages existant sur cette route :

DÉSIGNATION DES OUVRAGES	POINTS KILO-MÉTRIQUES		NATURE DES OUVRAGES	LONGUEUR		LARGEUR		OBSERVATIONS
Pont Xã Bồn . .	k 0+683	75	Eiflel n° 1	12	00	3	00	Construit en 90
Pont Henry. . .	1 142		Eiflel n° 2	176	80	2	84	— 30 oct. 92
Tiêm Rượu. . .	1 886	80	Béton armé	24	20	3	00	— en 1912
Cầu Kho . . .	2 084	90	Dalle en bé-ton armé	1	50	4	00	
Bồn Hau . . .	2 271	90	Dalle en bé-tou armé	4	50	4	00	

DÉSIGNATION DES OUVRAGES	POINTS KILO- MÉTRIQUES			NATURE DES OUVRAGES	LONGUEUR		LARGEUR		OBSERVATIONS
Pont Cái-sơn . .	2	705	25	Eiffel nᵒ 2	24	00	2	84	Reconstruit en 14
Tầm bót. . . .	2	989		Eiffel nᵒ 1ᶜ	36	00	2	40	—
Ponceau de Thợ bạc	3	518		en maçonnerie	3	40	3	00	
Rạch gừa . . .	3	878	60	Eiffel nᵒ 1	21	00	3	00	
Buse Mười Núi .	4	195		maconnerie	»		3	00	
Buse Rạch gòi lớn .	4	813	70	Eiffel nᵒ 37	04	00	2	30	Construit en 1896
Ponceau Lò gạch .	5	172		maçonnerie	3	40	3	00	
Buse.	5	738		»	»		3	00	
Rạch gòi bé. . .	5	934		Eiffel nᵒ 37	24	00	2	30	
Buse.	6	327		»	»		3	00	
Bà Thu	6	544		Eiffel nᵒ 1	9	00	2	84	
Cái sao	6	976	80	Eiffel 73	40	00	2	30	Construit en 1896
Cái dưng. . . .	7	626		» 37	30	00	2	30	—
Sắng nhỏ . . .	9	417		37	10	00	2	30	—
Sắng lớn . . .	10	276	25	37	46	00	2	30	—
Cần đước . .	11	308		37	4	00	2	30	—
Rạch rap . . .	12	349	80	37	4	00	2	30	—
Trai mai. . . .	13	147		37	26	00	2	30	—
Cái sơn	13	942		Ponceau maçonnerie	4	00	2	00	
Bò ót	14	705	70	Eiffel nᵒ 37	56	00	2	30	—
Cầu cống . . .	15	266	50	37	10	00	2	30	—
Pont Bằng lăng. .	15	736	40	1ᶜ	30	00	2	40	—
Trà-Uỏi . .	16	916	50	37	44	00	2	30	—
Cái sơn . .	17	403	50	37	20	00	2	30	—
Cầu-Kinh .	18	506	60	37	16	00	2	30	—
Thôt nồt . .	19	099	70	2	135	00	2	84	Construit en 1899
Cái ngải . .	22	726	15	2	30	00	2	84	—
Bit Vàm . .	23	780	60	37	20	00	2	30	Reconst. en 1913
Cầu thơ bé. .	24	804	25	1	48	00	3	00	—
Tham-rôn. .	29	530		2	21	00	2	84	—
Bánh Tét. .	31	900		1	12	00	2	40	Construit en 1914

Moyens de transport.

Voitures automobiles

Jusqu'en 1916, la circulation des voitures automobiles était à peu près nulle : seules quelques voitures appartenant à des particuliers venaient de temps en temps à Longxuyên.

En 1916, lorsque commencèrent à circuler les premières voitures automobiles assurant un service public de voyageurs, le transport en pousse-pousse, chaloupe ou sampan, diminua de jour en jour pour faire place à ce nouveau genre de locomotion.

Il existait dans la province, en 1920, 11 voitures automobiles faisant le service de voyageurs. Depuis cette époque, le nombre n'en a fait qu'augmenter. Le roulage deviendra encore plus actif lorsque bientôt les routes de Saigon à Sadec et à Longxuyên et de Longxuyên à Chaudoc par Triton seront livrées à la circulation.

En dehors de ces voitures qui n'ont pas d'horaire fixe, qui ne partent que lorsque leur nombre de voyageurs est atteint, il existe un service postal régulier entre Longxuyên et Cantho. Ce service est subventionné par les deux provinces. La voiture transporte en moyenne 14 passagers par voyage.

Horaire

Aller	*Retour*
Départ de Longxuyên 6h00 du matin	Départ de Cantho . . 7h00 du matin
Départ de Thôtnot . 8h00.	Départ d'Omon . . . 9h00.
Départ d'Omon . . . 9h00.	Départ de Thôtnôt 10h00.
Arrivée à Cantho. . 11h00.	Arrivée à Longxuyên 11h00.

Voitures attelées

On ne compte presque pas de voitures attelées au chef-lieu ; celles qui existent n'assurent aucun service public.

Dans le centre de Chomoi, on rencontre quelques tilburys qui font le service de voyageurs entre la délégation et les diverses agglomérations importantes (Chợ thủ, Chả và, Mỹ luông).

Charrettes a bœufs

Ces véhicules sont surtout employés dans les carrières de Núi-Sập.

Pousse-pousse et Bicyclettes

Le nombre des pousse-pousse dans toute la province s'élève à 102 ; celui des bicyclettes à 550.

Bateaux — Chaloupes

Longxuyên est desservi par les bateaux et les chaloupes des « Messageries fluviales » et par de nombreuses chaloupes annamites et chinoises.

Ligne de Saigon — Longxuyen.

Bateau de l'Ouest (Messageries fluviales).

Ce bateau fait deux voyages par semaine dans l'Ouest. Il part de Saigon le lundi et le vendredi à 9 heures du soir pour Mytho. Il quitte cette province le lendemain matin dès l'arrivée du train venant de Saigon, c'est-à-dire vers 9 heures. Après avoir fait escale à Vinhlong, Sadec et Chaudoc,il arrive à Longxuyên le mercredi et le dimanche entre 4 et 6 heures du matin. Il repart environ une heure après pour Cantho et Daingai (Soctrang). Il est de retour à Longxuyên généralement vingt-quatre heures après, le jeudi et le lundi, entre 4 et 6 heures du matin et reprend sa route pour Saigon en faisant les mêmes escales que la veille.

Cette voie n'est guère pratique pour les voyageurs, à moins qu'ils ne soient accompagnés de nombreux bagages.

Ligne de Mytho — Longxuyen

1° — Chaloupes des « Messageries fluviales ».

Tous les jours, à l'arrivée du train de Saigon, vers 9 heures du matin, une chaloupe quitte Mytho pour Longxuyên et Rachgia en passant par Vinhlong et Sadec. Elle arrive à Longxuyên entre 5 et 6 heures du soir et continue sur Rachgia après avoir pris la poste. Elle est de retour le lendemain vers 5 heures et repart à 6 heures pour Sadec, Vinhlong et Mytho où elle arrive à temps ponr correspondre avec le train qui part pour Saigon à 5 heures du soir.

2° — Chaloupes chinoisses.

Deux fois par semaine, le mercredi et le samedi, une chaloupe chinoise, venant de Phnompenh et de Chaudoc, passe à Longxuyên entre 4 et 6 heures du soir et continue sur Sadec, Vinhlong et Mytho où elle arrive vers une heure du matin ; quelques heures après, à 5 h 30, les voyageurs peuvent prendre le train pour Saigon.

Cette chaloupe repart de Mytho le jeudi et le lundi à 9 heures, après l'arrivée du train de Saigon, et arrive à Longxuyên entre 4 et 6 heures du soir, puis continue sur Chaudoc et Phnompenh.

Ci-après l'itinéraire et l'horaire de cette chaloupe :

Aller...
Départ de Phnompenh : mercredi et samedi à 6 h oo du matin.
Arrivée à Chaudoc : vers midi.
Départ de Chaudoc : un quart d'heure après.
Arrivée à Longxuyên : entre 4 h oo et 6 h oo du soir.
Départ de Longxuyên : un quart d'heure après pour Sadec, Vinhlong et Mytho.

Retour..
Départ de Mytho : lundi et jeudi vers 9 h oo du matin.
Arrivée à Longxuyên : entre 4 h oo et 6 h oo du soir.
Départ de Longxuyên : un quart d'heure après.
Arrivée à Chaudoc : entre 8 h oo et 10 h oo du soir.
Départ de Chaudoc : un quart d'heure après.
Arrivée à Phnompenh : mardi et vendredi entre 4 h oo et 6 h oo du matin.

LIGNE DE CHAUDOC-LONGXUYÊN-CANTHO-DAINGAI (SOCTRANG) — TIÊUCAN (TRAVINH)

1o — Chaloupes des « Messageries fluviales »

Aller. .
Départ de Chaudoc : lundi, jeudi et samedi à 6 h. oo du matin.
Arrivée à Longxuyên : entre 9 h. 3o' et 10 h. oo.
Départ pour Cantho, Daingai (Soctrang) et Tiêu-cân (Travinh) : un quart d'heure après.

Retour..
Départ de Tiêucân : lundi, jeudi et samedi à 6 h. oo du soir.
Départ de Daingai : le même soir à 6 h. 3o'.
Départ de Cantho : mardi, vendredi et dimanche à 6 h. oo du matin.
Arrivée à Longxuyên : entre 10 h. 3o' et 11 h. oo.
Départ pour Chaudoc : un quart d'heure après.

2o — Chaloupes chinoises.

Aller. .
Départ de Chaudoc : mardi, vendredi et dimanche à 6 heures du matin.
Arrivée à Longxuyên : entre 9 h. 3o' et 10 h. oo.
Départ pour Cantho, Daingai (Soctrang) et Tiêucân (Travinh) : un quart d'heure après.

Retour..
Départ de Tiêucân : mardi, vendredi et dimanche à 6 h. du soir.
Départ de Daingai : le même jour à 6 h. 3o'.
Départ de Cantho : mercredi, samedi et lundi à 6 h. du matin.
Arrivée à Longxuyên : entre 10 h. 3o' et 11 h. oo.
Départ pour Chaudoc : un quart d'heure après.

LIGNE DE PNOMPENH — CHAUDOC — LONGXUYÊN —
CANTHO — SOCTRANG (VILLE)

Deux fois par semaine, une chaloupe malaise fait voyage aller-retour de Pnompenh à Soctrang (Ville) en passant par Longxuyên.

Ci-après l'itinéraire et l'horaire de cette chaloupe :

Aller...
- Départ de Pnompenh : lundi et jeudi à 6 heures du matin.
- Arrivée à Chaudoc : entre midi et une heure du soir.
- Départ de Chaudoc : un quart d'heure après.
- Arrivée à Longxuyên : entre 4 h oo et 5 h oo du soir.
- Départ de Longxuyên un quart d'heure après.
- Arrivée à Cantho : entre 8 h 3o' et 9 h 3o' du soir.
- Départ de Cantho : un quart d'heure après.
- Arrivée à Soctrang : vers minuit 3o'.

Retour..
- Départ de Soctrang : mercredi et vendredi entre minuit 3o' et 1 h oo du matin.
- Arrivée à Cantho : vers 5 heures du matin.
- Départ de Cantho : 7 h oo du matin.
- Arrivée à Longxuyên : entre midi et 1 h oo du soir.
- Départ de Longxuyên : un quart d'heure après.
- Arrivée à Chaudoc : entre 4 h oo et 5 h oo du soir.
- Départ de Chaudoc : un quart d'heure après.
- Arrivée à Pnompenh : jeudi et samedi entre 2 h oo et 3 h oo du matin.

LIGNE DE LONGXUYÊN — MYLUONG — CULAOGIENG — CHOTHU —
CHOMOI — TANCHAU (CHAUDOC)

Tous les jours une chaloupe annamite quitte Longxuyên à 6 heures du matin pour Mỹluông, Culaogiêng, Chợthủ, Chợmới et Tânchâu (Chaudoc). Elle quitte cette dernière escale le lendemain matin à 6 heures pour revenir à Longxuyên en suivant le même itinéraire qu'à l'aller.

LIGNE DE SADEC- LONGXUYÊN-RACHGIA

Tous les matins une chaloupe chinoise quitte Sadec à 6 heures, arrive à Longxuyên vers 10 heures et continue sur Rachgia Le lendemain, elle quitte cette province à 6 heures du matin, passe à Longxuyên vers midi et continue sur Sadec.

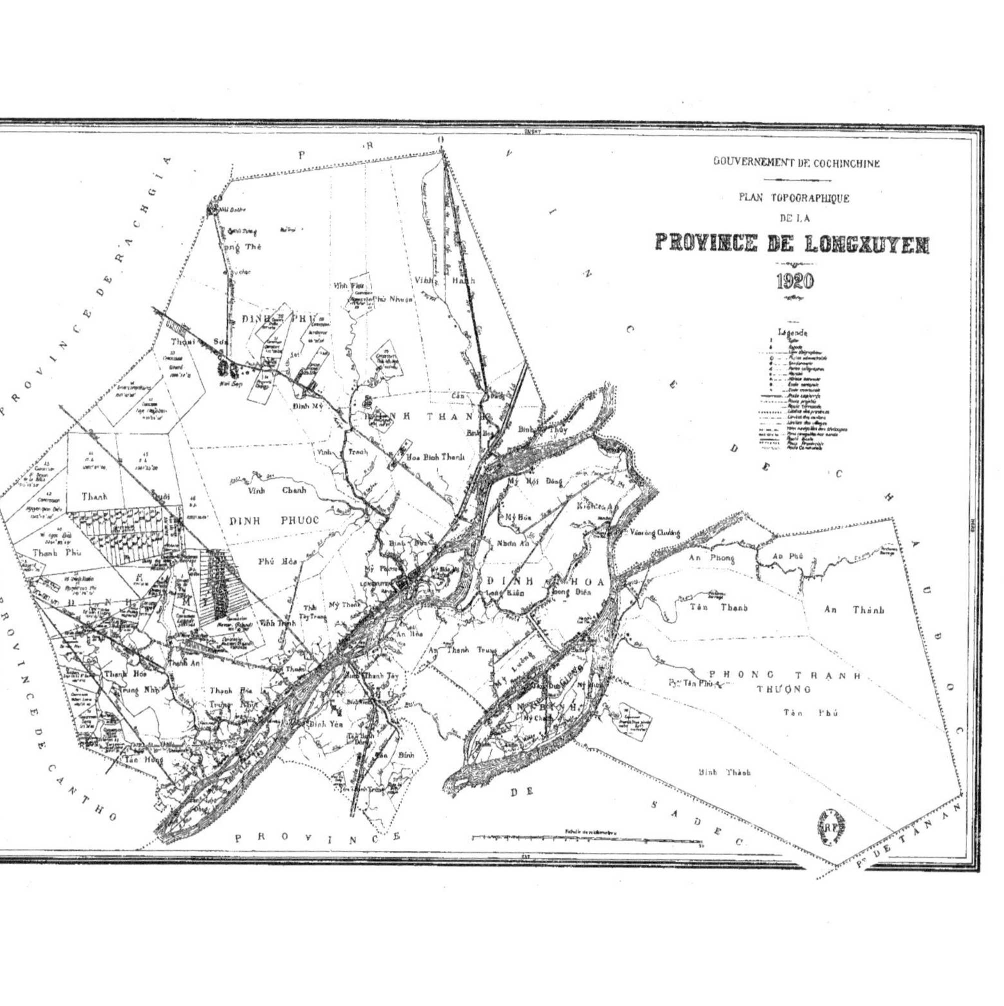

GOUVERNEMENT DE COCHINCHINE
PLAN TOPOGRAPHIQUE
DE LA
PROVINCE DE LONGXUYEN
1920
Légende
PROVINCE DE RACHGIA
PROVINCE DE CANTHO
PROVINCE DE SADEC
Pce DE TANAN
DINH PHU
DINH THANH
DINH PHUOC
DINH HOA
PHONG THANH THUONG
Thoai Son
Nui Sap
Dinh My
Vinh Trach
Hoa Binh Thanh
Vinh Chanh
Phu Hoa
Binh Duc
Thanh Phu
Thanh An
Thanh Hoa
Trung Nhi
Thanh Hoa
Truong
Dinh Yen
Tan Hong
My Thanh
An Hoa
An Thanh Trung
Binh
My Luong
My Binh
My Chanh
Binh Thanh
My Hoi Dong
My Hoa
Nhon Ai
An Phong
An Phu
Tan Thanh
An Thanh
Tan Phu
Binh Thanh
Vinh Hanh
Vinh Phu
Long Dien
Scale de 10 kilometres

CHAPITRE II

GÉOGRAPHIE ÉCONOMIQUE

I. — CULTURES

A. — Cultures Alimentaires

Riz. — Le riz de la province de Longxuyên est de bonne qualité et généralement recherché par les industriels de Cholon. Malheureusement presque chaque année les inondations, provoquées par des pluies abondantes tombant en coïncidence avec la crue du Mékong, viennent nuire à la culture du paddy. C'est ainsi que sur les 120.000 hectares de terrains de rizières, il n'y en a généralement que 70.000 environ de cultivés, le reste étant rendu improductif par suite de l'envahissement des eaux.

Maïs. — Le Maïs est cultivé sur une superficie moyenne de 700 hectares.

Haricot. — Le haricot (dâu xanh) occupe une superficie de 250 hectares produisant une récolte d'environ 1500 piculs. L'indigène le vend à des intermédiaires chinois à raison de 3 $ oo le picul.

Patate. — Le patate est cultivée sur une étendue de près de 150 hectares rapportant en moyenne 50 piculs par hectare. Plantée à l'arrivée des premières pluies, elle est récoltée au mois d'août suivant.

Divers. — Les autres cultures alimentaires telles que celles des concombres, pastèques, légumes annamites, etc... sont pratiquées un peu partout et suffisent à peine à la consommation locale. Ces cultures sont peu intéressantes par suite de l'exiguité des superficies qui y sont consacrées.

B. — Cultures Industrielles

Canne à sucre. — La canne à sucre couvre une surface de 100 hectares. On la trouve surtout à Culaogiêng où les terres sont peu submergées par l'inondation périodique du Mékong. Elle est plantée à la fin du mois de Novembre, époque du retrait des eaux, et n'est récoltée qu'au mois d'Août de l'année suivante.

Tabac. — Le tabac n'est cultivé que sur une étendue de 70 hectares.

Mûrier. — Il existe sur les bords du rach Ong-Chưởng et dans les régions de Cho-thủ et de Culaogiêng quelques plantations de mûrier qui occupent une superficie évaluée à une trentaine d'hectares.

C. — Autres cultures

Cocotier. — Il n'existe pas de plantations indépendantes de cocotiers à Longxuyên. Cet arbre est planté un peu partout dans la province, autour des habitations et en bordure des rachs. On en compte environ 20000 pieds. Les fruits ne sont même pas suffisants pour les besoins de la consommation locale.

Aréquier. — Comme le cocotier, l'aréquier ne fait pas dans la province l'objet de plantations homogènes. Il est planté au milieu d'autres arbres fruitiers et ses noix sont consommées sur place.

Arbres fruitiers. — Les arbres fruitiers occupent une superficie de 80 à 100 hectares. Ce sont en grande partie des manguiers, un peu de mandariniers et d'orangers. On trouve également des pamplemousses, mais en très petite quantité. Seules les mangues constituent pour le jardinier un produit susceptible de lui rapporter certaine recette.

II. — ANIMAUX

A. — Animaux domestiques

Buffles.	5.173
Bufflesses.	4.557
Buffletins.	3.588
	13.318
Bœufs.	2.093
Vaches	544
Veaux.	338
	2.975
Chevaux	222
Juments	290
Poulains	93
	605

B. — Volatiles domestiques.

Les poules, canards et pigeons sont en très grande quantité.

Les pintades, dindons et oies sont plus rares, aussi leur élevage est-il très rémunérateur.

C. — Faune.

Vertébrés mammifères.

Dans les régions de Núi-Sạp et de Núi-Ba-Thê, l'on rencontre quelques rares panthères ; mais elles ne causent aucun dommage à la population.

Quelques sangliers viennent également s'y réfugier à l'époque des hautes eaux.

Enfin les singes y sont en grand nombre et il convient de citer, en particulier, une espèce de couleur noire appelée par les indigènes « con lọ nôi ».

Reptiles.

1º — Ophidiens. — Les serpents sont nombreux à Longxuyên.

1º) On y rencontre surtout, comme serpents venimeux :

Le Cobra (Naja tripudians) appelé par les annamites	« Rắn hổ đất »
Le Bungare (Bungarus fasciatus) —	« Rắn mái gầm » (1)
Le Serpent vert (Trimeresurus gramineus —	« Rắn lục xanh »
Le Serpent bananier —	« Rắn hổ chuồi »
Le Serpent cheval —	« Rắn hổ ngựa »

2º) Comme serpents non venimeux :

Le Python, appelé par les annamites	« Rắn con trăn »
Le Serpent d'eau, appelé par les annamites . .	« Rắn nước »

Pendant longtemps (surtout en 1902-1903-1904 et 1905) la province a approvisionné l'Institut Pasteur de Saigon en cobras et bungares dont on cultivait le venin pour la fabrication du sérum antivenimeux. Tous les quinze jours, un psylle annamite, du canton de Định-Hoà, apportait une trentaine de ces reptiles aux bureaux de l'Inspection.

La chair du serpent, et en particulier du python, est assez recherchée des indigènes.

2º — Cheloniens. — On trouve dans les environs de Núi-Sạp et de Núi ba Thê beaucoup de tortues de marais (con rùa) et de tortues de forêt (càng dược) dont la chair est comestible.

---

(1) Ce serpent est ainsi appelé par les indigènes parce que, en outre de ses crochets, il a l'extrémité de la queue munie d'un dard.

D. — Poissons

Le régime hydrographique de la province y rend la pêche particulière-
ment abondante et très lucrative. Les principales pêcheries se trouvent dans
les plaines incultes des cantons de Định-Phú, Định-Thành, Định-Phước,
Định-Mỹ et Phong-thạnh-thượng. Elles rapportent annuellement plus de
21.000 $ 00 aux budgets communaux.

III. — CARRIÈRES

Carrières de Núi-Sập

Granit. — Ces carrières, qui sont au nombre de 19, sont situées sur le
domaine local. Elles sont toutes à ciel ouvert. Les plus importantes et les
mieux desservies au point de vue voies d'accès, se trouvent au pied du Núi-
Ong (Núi-Sập proprement dit) ; les autres sont au Núi-Bà et au Núi-Cậu.

Ph. Ch. Lavant

Appontement de Núi-Sập.

Les procédés employés pour l'exp'oitation sont des plus rudimentaires.
L'abatage des masses granitiques se fait soit au moyen des explosifs, soit au
moyen du feu. Les gros blocs sont ensuite débités en moellons ou réduits
en cailloutis.

La production des carrières de Núi-Sập est au-dessous de la moyenne par
suite du manque d'outillage perfectionné et de l'insuffisance des voies

d'accès. En effet, à part celles qui sont situées au pied du Núi-Ong, les autres sont inaccessibles aux sampans pendant la saison sèche Les concessionnaires de ces terrains se contentent de constituer, pendant cette saison, un approvisionnement de matériaux qu'ils vendent au moment des hautes eaux.

Le rendement des carrières pendant ces trois dernières années ont été de :

17.155 m3 oo en 1920
17.933   oo en 1921
18.796   oo en 1922

Ph. Ch. Davant

Núi-Sâp. — Carrière à ciel ouvert

Sable. — Il existe plusieurs qualités de sables à Núi-Sâo ; celui qui est le plus emp'oyé est silicieux et convient bien aux travaux de maçonnerie.

La quantité de sable extraite annuellement varie entre 1.000 et 3.000 mètres cubes.

Ci-après les prix moyens de vente des matériaux rendus sur la berge du canal de Rach-Gia :

Moellons . . . . 2 $ oo le mètre cube;
Cailloutis . . . . 3 00   —
Déchets. . . . . 3 20   —
Sable. . . . . 1 00   —

Le tarif suivant est généralement adopté par les sampaniers pour le transport des matériaux :

De Núi Sặp à :

Rạchgia-ville . . . . 1 $ 20 le mètre cube ;
Longxuyên-ville. . . . . 1 20   —
Cantho-ville . . . . 2 00   —
Sadec-ville. . . . . 1 80   —
Baclièu-ville . . . . 3 10   —
Travinh-ville . . . . 3 .00   —
Soctrang-ville . . . . ⎰ 2 50 pour le moellon .
                                       ⎱ 2 90 pour le cailloutis.

CARRIÈRE DE NÚI CHÓC

Par suite de sa situation, cette carrière n'est accessible aux sampans qu'à la saison des hautes eaux, aussi n'est-elle exploitée que pendant cinq mois de l'année.

IV. — INDUSTRIE

La province de Longxuyên, essentiellement agricole, ne possède aucun établissement industriel digne de ce nom. Il existe seulement dans cet ordre quelques briqueteries, scieries, teintureries et ateliers de construction.

Briqueteries. — Les briqueteries sont situées au chef-lieu, sur la route de Cantho. Elles produisent des briques, des tuiles et des carreaux qui sont utilisés sur place ou vendus parfois aux habitants des provinces voisines. Le chiffre annuel des affaires de chacune d'elles se monte au maximum à 8000 piastres.

Scieries. — Les principales scieries sont établies sur la rive droite du fleuve antérieur ; il en existe également quelques-unes dans l'intérieur de la province. Les bois qu'elles débitent suffisent largement aux besoins locaux. Certaines d'entre elles ont même des débouchés à Cantho et Rachgia.

Teintureries. — Il existe environ une quarantaine de teintureries qui sont entre les mains d'annamites qui, presque tous, travaillent pour le compte des marchands de soie chinois, lesquels par le système des avances faites à des intérêts usuraires les font travailler presque pour rien.

Ateliers de construction. — Dans les cantons d'An-Binh et de Định-Hoà, se trouvent plusieurs ateliers indigènes de construction de barques et de meubles. Ces derniers sont des plus rudimentaires et se vendent dans les provinces limitrophes.

Tissage de soie. — Il convient de citer également l'industrie du tissage de la soie qui se fait à Cùlaogiêng, à Chomoi et dans le rach Ong-Chuong. Nous en parlerons plus loin.

Distillerie. — Enfin, il existe à Thôtnôt une distillerie chinoise très prospère. Il en sera également question plus loin.

V. — COMMERCE

Exportation

Le paddy. — Le chiffre d'exportation de paddy varie entre quarante et trente mille tonnes par an.

VI. — COLONS ET CARRIERS

Liste alphabétique des Colons Européens de la Province.

MM. Ackermann	M.M. Huynh-quan-Loc
Arvieu	Joligard
Chouffot	Lagarde
Danabalou	Lieu-sanh-Hâu
Davant	Michel
Herrgott	Noblet
Hion	Paloux

Monsieur Noblet a eu l'heureuse initiative d'employer le procédé de labourage mécanique qui a donné des résultats satisfaisants.

Liste alphabétique des carriers.

MM. Barthe	MM. Lê-trung-Hiêu
Danabalou	Nguyên-huu-Ngo
Davant	Nguyên-van-Hinh
Lâm-ha-Thanh	Thai-duy-Minh
Lê-kim-Danh	Trân-van-Tuyên
Lê-nghia-Phuong	Trân-quang-Tiêng

VII. — LES MARCHÉS

Ci-après les principaux marchés de la province :

NOMS DES MARCHÉS	NOMS DES VILLAGES	IMPORTANCE ANNUELLE
		piastres
My-Phuoc (Chef-lieu)	My-Phuoc	7.100 00
Thôtnôt	Thanh-hoà-trung-nhut	2.850 00
Lâpvo	Binh-Ninh	1.400 00
Chomoi	Long-Điên	785 00
Tân-Duc (Cùlacgiêng)	Tân-Đuc	655 00
My-Chanh	My-Chanh	490 00
Nui-Sâp	Thoai-Son	415 00
Huong-ca Tinh	My-Luông	400 00
Cho-Thu	Long-Điên	385 00

CHAPITRE III

GÉOGRAPHIE HISTORIQUE ET POLITIQUE

Combat de Cù-Hù. — Sous le règne de Minh-Mạng, fils de Gia-Long, la province de Chaudoc prit le nom d'An-Giang et la région de Longxuyên celui de Trung-Biên. C'est à cette époque, vers 1837, que fut livré le combat de Cù-Hù. Les troupes alliées siamoises et cambodgiennes avaient envahi le pays pour marcher contre les Annamites. Sur le fleuve antérieur, la communication de Cù-Hù avec Chaudoc était coupée par l'armée siamoise, tandis que les Cambodgiens, campés à Ong-Chuong et à Tân-Thanh, occupaient toute la rive droite du Bassac. Les Annamites, conduits par le Chuong-Binh Lê et par le Đôc-Binh Vang, se portèrent à leur rencontre et le choc entre les deux armées ennemies eut lieu à Cù-Hù. Les troupes d'Annam restèrent victorieuses, mais leurs chefs Lê et Vang trouvèrent tous deux la mort dans ce sanglant combat.

C'est pour honorer leur mémoire, que leurs titres ou leurs noms ont été donnés aux rạch sur lesquels fut livrée la bataille : le rạch Ong-Chưởng et le rạch Đôc-Váng.

La Conquête. — Ce fut le 22 juin 1867, sous l'Amiral de La Grandière, que Longxuyên tomba au pouvoir des Français. Il n'était alors qu'un huyên (Đong-Xuyên) faisant partie de la grande province d'An-Giang qui comprenait.

Quatre phủ	et	Cinq huyện
Tuy-Biên (Chaudoc)		Dong-Xuyên (Longxuyên)
Tịnh-Biên (Chaudoc)		Ha-Duong (Chaudoc)
Tan-Ta h (Sadec)		An-Xuyên (Sadec)
Ba-Xuyên (Soctrang)		Vam-Ba (Baclièu)
ou		
Bay-Xàu		Phong-Phu (Cantho)

En 1868, le Gouvernement, considérant l'importance exceptionnelle de « Chợ-Long-Xuyên » à l'entrée du Rachgia, décida d'y créer une inspection comprenant tous les villages de la province de Chaudoc situés au-dessous de Vàm-Nao, entre les limites des inspections de Rachgia, Cantho et Sadec (A. G C. du 27 mai 1868).

En 1868, l'inspection était installée à Câu-Kho, à l'endroit où s'élève aujourd'hui la pagode de Mỹ-Phưóc. Elle fut ensuite transférée où se trouve actuellement la Recette des Douanes et Régies. Plus tard, en 1877, on construisit un bâtiment à rez-de-chaussée à l'emplacement de l'ancienne pagode de Bình-Đức, sur le terrain situé au confluent du Bassac et de la

coupure du rach Longxuyên. Ce bâtiment, habité jusqu'en 1902, fut démoli
en 1905 et remplacé par la maison à étage, en ciment armé, qui existe
actuellement.

.P Ch. Davant

L'Hôtel de l'Inspection.

PRISE DE BAY THUA (1)

Entre le canal qui relie Châu-dôc à Hà-tiên, et le Rạch-Giá avec son canal qui fait communiquer Long-xuyên à Rạch-Giá, s'étend une plaine marécageuse d'où émergent, par endroits, divers montagnes et massifs
montagneux. Entre le groupe de Núi-Cam et le Hậu-Giang, ou Fleuve postérieur, et à environ 10 kilomètres de ce dernier, se trouve un point, alors
à peine hors des eaux, presque inaccessible en 1873 tant la région était
marécageuse et obstruée de roseaux. C'est Bảy-Thừa, également distant de
Châu-Dôc et de Long-Xuyên.

Après les affaires de Rach-Giá, en 1868, un des chefs rebelles s'était
retiré dans les marécages près du fleuve, s'entourant de vagabonds et de

---

(1) Le véritable nom serait « Cây Bảy Thừa » Arbre de Bảy Thừa. C'était en effet,
paraît-il, au pied de cet arbre, situé au milieu de la plaine, que se réunissaient les rebelles et se tramaient les conspirations. Cet endroit fait partie aujourd'hui du village de
Tu-Tê (Châudôc); pendant les hautes eaux, les pêcheurs s'y donnent rendez-vous.

gens compromis dans les rébellions antérieures ; il vivait là en chef et grand prêtre, car il avait su entourer sa personne et son œuvre d'une profonde vénération au moyen de pratiques mystiques que relevaient encore sa haute taille, son visage grave, agréable et ses cheveux blancs. Il se nommait Trân-văn-Thanh (1) et avait occupé sous l'ancien régime, les fonctions militaires de quản du régiment des Giang-Nghị. Poursuivi une première fois par le Đôc phủ sứ Lộc, il s'enfonça davantage dans les marais et s'établit à Bảy-Thưa.

Si ce personnage s'était contenté de faire commerce de ses pouvoirs surnaturels et de ses relations avec les esprits supérieurs s'il n'avait fait que prêcher sa religion nouvelle (đạo lành), il est probable qu'on ne se serait guère occupé de lui. Mais il caressait des rêves plus ambitieux. N'ayant jamais voulu faire sa soumission aux Français, il travaillait à se réserver la gloire de les chasser du pays. Les indigènes allaient en foule voir le saint homme, lui apportant tout ce qu'il désirait, et, en échange, ils recevaient des amulettes, des remèdes à toutes les maladies. Sa retraite devint un lieu de pèlerinage très visité.

En dehors de ses occupations religieuses, Trân-văn-Thanh s'intéressait beaucoup à notre action, s'armait et envoyait des émissaires dans toute la Cochinchine. Il inspirait les révoltes, en était quelquefois ; mais, grâce à la vénération dont il jouissait, personne n'eût songé à le trahir. L'administration française finit pourtant par avoir vent de ses menées. En 1871, l'inspecteur de Longxuyên, M. Puech, le fit inutilement espionner. En 1872, à la suite des agissements d'un bonze đạo lành, M. Puech fit de nouveau prendre des renseignements, entreprise périlleuse car on y risquait la vie.

Au commencement de 1873, il devint avéré que Thanh faisait fabriquer nuit et jour des armes, que ses hommes travaillaient à des levées de terre et que Bảy-Thưa était largement approvisionné en riz, sel, métaux et vêtements. Le huyên Trân-Bá-Tường, deuxième frère du đôc phủ sứ Lộc, parvint à assez s'approcher des lieux pour se rendre compte de tout. Il eût été de la dernière imprudence de laisser se développer jusqu'à maturité ce nouveau centre de rébellion. M. Puech en rendit compte au Gouverneur et obtint l'autorisation d'agir. Il disposait de 60 hommes, l'inspecteur de Cântho en fournit 40, celui de Châu-đôc, qui devait également aider, ne jugea malheureusement pas à propos d'envoyer son contingent.

Le 19 mars 1873, deux jonques portant les cent hommes furent remorquées par la « Sagaïe » (capitaine Guyon) de Longxuyên jusqu'au Rạch Mac-Dung. M. Puech forma de sa troupe des colonnes de vingt à trente

---

(1) C'est le nom d'après les recherches faites par M. Moreau Administrateur de Longxuyên. Dans son rapport, M. Puech l'appelle Thanh-văn-Bương. « L'Indépendant de Saigon » le nomme Trương-Thanh.

hommes, dont chacun avait pour quatre jours de vivres et quarante cartou-
ches, il conserva auprès de lui sept français armés de chassepots. Les
colonnes avancèrent vers la place par une marche de nuit à travers les marais.
Au jour, un coup de canon de la « Sagaïe » donna le signal de l'attaque.
Thanh qui pensait être à l'abri de toute insulte, se gardait mal ; il fut sur-
pris, mais, en vieux soldat, il rallia ses gens. La première plate-forme du
camp lui paraissant trop vaste, il se retira sur la seconde et s'y barricada au
moyen de planches et de sacs de riz. De là, il dirigea la défense faisant lui-
même le coup de feu soutenu par son fils. Mais il fallut céder aux colonnes
qui, une fois sur du terrain so ide, se lancèrent en avant. Les défenseurs
chassés de leur réduit improvisé, purent néanmoins se sauver à travers les
roseaux, ce qui ne serait pas advenu si la colonne de Châu-Dôc se fût trou-
vée là.

Sur la plate-forme, on vit Thanh étendu mort, son fils, le genou brisé,
était à côté de lui. Le corps du'Cai tuân Vàng gisait à quelques pas d'eux.
On trouva en tout dix cadavres, cinq blessés et l'on fit deux prisonniers.
Le reste put s'enfuir, mais beaucoup de ces individus, les blessées surtout,
ont dû se noyer ou mourir de faim dans les marais. Après l'affaire, ont fit
encore 13 prisonniers. Du côté des français, le bêp Cùa fut tué et un guide
cambodgien blessé. On trouva dans le camp 16 pierriers, 70 lances, des
fusils, des sabres, un grand nombre de barques et des approvisionne-
ments considérables. Le corps de Thanh fut exposé publiquement et les
notables des villages voisins durent venir le reconnaître. On l'inhuma
ensuite.

La mort de Thanh fut un coup fatal pour ses adhérents. Ils le croyaient
invulnérable, et, surtout, insaisissable à Bẫy-Thừa. Les papiers trouvés
sur la place ont fait voir qu'il était en relation avec toute la Cochinchine,
que les derniers mouvements insurrectionnels avaient été dirigés par lui et
qu'il y avait même pris part de sa personne (il s'était trouvé à Vũng-Liêm)·
Si on l'avait laissé continuer ses préparatifs, il est certain qu'une vaste
insurrection aurait éclaté dans un temps assez rapproché. (Alfred Schreiner
— Abrégé de l'Histoire d'Annam).

CURIOSITÉS ARCHÉOLOGIQUES ET NATURELLES

La pierre de Núi-Sập. — Sur le versant Nord-Ouest de la colline de Núi-
Sập. existe une pagode qui fut construite en 1817 en l'honneur du génie du
lieu par un grand mandarin, Thoại-Ngọc-Hầu. Celui-ci fit tailler une grande
pierre sur laquelle furent gravés ses exploits, entre autres le creusement
du canal qui relie Longxuyên à Rachgia et que l'on a nommé, en sa mémoire,
canal de Thoại-Sơn. (1) Cette pierre fut placée devant la pagode. A la fin de

____

(1) L'empereur Gialong avait, d'ailleurs, donné le nom de Thoại-Sơn à la montagne
de Núi-Sập

Le village bâti au pied de la dite montagne porte également aujourd'hui encore, le
nom de Thoại-Sơn

1904, un Administrateur la fit transporter au chef-lieu et poser au pied d'un banian dans le jardin de l'Inspection. Trois ans plus tard, un autre Administrateur, jugeant avec juste, raison que cette pierre n'était point à sa place, la fit replacer à l'endroit d'où elle avait été enlevée. Nous donnons ci-après, accompagnée de sa traduction, l'inscription entière de cette pierre. La traduction et due à M. Trân-văn-Hanh, ancien interprète du collège des Administratéurs stagiaires, décédé il y a près de 40 ans (1).

La pierre de Núi-Sập.

(1) Tran-van-Hanh, originaire pi Lâpvo (Longxuyên), fut envoyé en France par le Gouvernement pour y occuper les fonctions d'interprète à l'Ecole des langues orientales. Il profita de son séjour à Paris pour y acquérir le diplôme de licence en droit qui lui permit, à son retour en Cochinchine, d'être admis au barreau de Saigon.

La grotte de Núi-Sập. — En quittant la pagode et en contournant la colline, nous rencontrons, sur le versant Sud, à environ 60 mètres d'altitude, une grotte naturelle au fond de laquelle s'est retirée, depuis dix-sept ans, une bonzesse annamite, vivant des aumônes offertes par les personnes qui viennent visiter la montagne.

Ph. Ch. Davant

La grotte de Núi-Sập.

Le bouddha de Vọng-Thê (Núi Ba-Thê). — La statue du Bouddha dont nous donnons la photographie et qui est actuellement placée au milieu de la pagode annamite du village de Vong-Thê est très ancienne. Elle personnifie, aux dires de personnes bien renseignées, une divinité hindoue. Voici dans quelles circonstances elle fu découverte.

Ph. Ch Davant

Le Bouddha de Vong-Thê
(Núi Ba-Thê)

En 1912, quelques temps avant l'achèvement du canal Ba-Thê, M. O'Connell, Administrateur, Chef de la province, choisit pour emplacement de la maison commune de Vong-Thê, une énorme butte située sur le flanc du Núi Ba-Thê et dominant la plaine qu'allait desservir ledit canal. Cette butte, d'après les anciens du village, indiquait la limite des territoires occupés par les Annamites et les Cambodgiens à la suite de la défaite de ces derniers sous le règne du roi Khmer Tân. C'est pour perpétuer ce souvenir historique que M. O'Connell voulut faire construire la maison commune sur cette butte. Le sommet de ce tertre étant très irrégulier et se prêtant mal à l'édification d'une maison, M. O'Connell en ordonna le nivellement. Un agent du Service régional fut chargé de ce travail et c'est à lui que revient l'honneur d'avoir découvert, à deux mètres sous terre, la statue en question. Elle mesure 3 mètres de hauteur sur 0m90 de largeur d'épaules. Elle était couchée dans la direction Nord Sud. La nouvelle de cette découverte se répandit aussitôt dans la région et tous les Cambodgiens vinrent présenter des offrandes à la divinité, installée provisoirement non loin de l'endroit où elle avait été enfouie.

On trouva également, enfouies aux côtés de la statue, deux grandes pierres sur lesquelles sont gravés des caractères qui semblent être du sanscrit. Ces deux pierres ont été placées dans la pagode de chaque côté du Bouddha.

INSCRIPTION DE LA PIERRE DE THOAI-SƠN (Núi-sập) (1).

先 tiên	逕 khinh	特 đặt	山 sơn	玄 huyền	粵 việt
聖 thánh	庭 đình	欻 ban	名 danh	黃 hoàng	自 tự
朝 trào	者 giả	草 thảo	賜 tứ	肇 triệu	
開 khai	乎 hồ	木 mộc	出 xuất	判 phán	
拓 thác	迹 tích	皆 giai	自 tự	則 tắc	
南 nam	夫 phu	春 xuân		此 thử	
服 phục	此 thử	煙 yên		山 sơn	
方 phương	山 sơn	雲 vân		從 tùng	
入 nhập	古 cổ	改 caỉ		來 lai	
版 bau	屬 thuộc	色 sắc		舊 cựu	
圖 đồ	番 phiên	其 kỳ		矣 hĩ	
然 nhiên	界 giái	視 thị		而 nhi	
而 nhi	裕 tục	尋 tầm		山 sơn	
野 dã	名 danh	常 thường		之 chi	
樹 thọ	垃 sập	山 sơn		得 đắc	
蒙 mông	山 sơn	隴 lũng		名 danh	
蕈 trập	自 tự	不 bất		寔 thiệt	
空 không		大 đại		自 tự	
爲 vi		有 hữu		今 kim	
麋 mê		霄 tiêu		始 thỉ	
鹿 lộc		壤 nhưỡng			
巢 sào		翅 thẳn			

---

(1) Sur la pierre figurent seulement les caractères. C'est pour faciliter la traduction de l'inscription que l'on a écrit, en regard de chaque caractère, le mot correspondant en quốc-ngữ.

二 nhị
千 thiên
四 tứ
百 bá
七 thất
十 thập
八 bát
尋 tầm
翠 túy
色 sắc
葱 thông
葱 thông
嵯 ta
峨 nga
特 đặt
起 khởi
活 huợt
動 động
知 như
神 thần.

永 Vĩnh
爲 Vi
舟 châu
揖 tiếp
之 chi
利 lợi
而 nhi
此 thử
山 sơn
在 tại
港 hạng
道 đạo
傍 bàn
高 cao
約 ước
十 thập
餘 dư
丈 trượng
周 châu
圍 vi

沙 sa
几 phảm
一 nhứt
萬 vạn
二 nhị
千 thiên
四 tứ
百 bá
十 thập
尋 tầm
閱 dọc
月 ngoạt
工 công
竣 thoang
居 cư
然 nhiên
一 nhứt
巨 cự
州 châu
也 dã

旨 chỉ
董 đổng
督 đốc
浚 tuân
東 đông
川 xuyên
港 hạng
道 đạo
受 thọ

命 mạng
之 chi
日 nhựt
夙 túc
夜 dạ
祈 kì
懼 cụ
剔 dịch
蓁 trang
莽 mảng
排 bài
泥 nê

特 đặt
授 thọ
綰 quản
永 vĩnh
清 thanh
鎮 trấn
符 phù
戊 mậu
寅 dần
之 chi
春 xuân
奉 phụng

穴 huyệt
其 kỳ
勝 thắng
跡 ích
埋 mai
沒 một
叉 hựu
不 bất
知 tri
幾 kỷ
何 hà
年 niên
矣 hỉ
丁 đinh
丑 sửu
秋 thu
老 lão
臣 thần

欽 khâm
蒙 mông

避 tị
地 địa
南 nam
來 lai
遂 toại
附 phụ
戎 nhung
轅 viên
隸 lệ
從 tùng
望 vọng
閣 các
叨 diêu
遇 ngộ

表 biểu
老 lão
臣 thần
爲 vi
山 sơn
拜 bái
賜 tứ
分 phân
外 ngoại
知 tri
榮 vinh
竊 thiết
念 niệm
老 lão
臣 thần
系 hệ
廣 quản
南 nam
人 nhơn
少 thiểu

玉 ngọc
諭 dụ
以 dĩ
老 lão
臣 thần
爵 trước
名 danh
瑤 thoại
玉 ngọc
寔 thiệt
董 đổng
斯 tư
役 dịch
乃 naĩ
賜 tứ
名 danh
瑞 thoại
山 sơn
爲 vi
東 đông
川 xuyên
港 hạng

御 ngự
覽 lãm
蓋 cái
亦 diệc
此 thử
山 sơn
之 chi
一 nhứt
奇 kì
遇 ngộ
也 giã
旋 tràng
欽 khâm

厘 hạp
秘 bí
人 nhơn
跡 tích
罕 hãng
到 đáo
一 nhứt
旦 đán
以 dĩ
竣 thoan
港 hạng
之 chi
故 cổ
同 đốn
登 đăng
畫 hoạ
圖 đồ
進 tần
呈 trinh

龍 long
戲 hí
水 thủy
彩 thể
鳳 phụng
臨 lâm
江 gian
豈 khởi
非 phi
造 tạo
化 hoá
之 chi
秀 tú
所 sở
鐘 chung
歟 dư
向 hướng
來 lai
乾 càng
坤 khôn

功 công	開 khai	兩 lưỡng	數 sồ	復 phục	殊 thi
名 danh	永 vĩnh	朝 trào	十 thập	蒙 mông	知 tri
身 thân	濟 tế	恪 các	餘 dư	欽 ban	奔 bôn
非 phi	河 hà	敦 đôn	年 niên	印 ân	走 tẩu
寇 khâu	平 bình	一 nhứt	間 gian	劍 kiêm	上 thượng
鎮 toản	高 cao	念 niệm	遭 tao	保 bảo	道 đạo
鑰 thược	綿 mên	兩 lưỡng	際 tế	護 hộ	往 vãng
績 thực	難 nan	度 độ		藩 phiên	來 lai
乏 phạp	雖 ti	獨 độc		邦 ban	遏 xiêm
禹 võ	粗 thô	縮 quan		前 liên	牢 lào
山 sơn	弛 địch	保 bảo		有 hữu	高 cao
川 xuyên	臣 thần	護 hộ		永 vĩnh	綿 mên
誠 thành	職 chức	印 ân		清 thanh	間 gian
恐 khủng	涉 thiệp	歷 lịch		節 tiết	承 thừa
豪 hào	有 hữu	年 niên		鎮 trần	之 chi
華 huê	微 vi	駐 trú		之 chi	諒 lương
歸 qui	勞 lao	簡 tiếc		命 mạng	山 sơn
去 khứ	然 nhiên	朱 châu		屈 quặc	定 định
之 chi	區 khu	篤 đốc		指 chỉ	祥 tường
餘 dư	區 khu	屯 đồn			二 nhị
		些 ta			鎮 trần
		間 gian			

山 sơn	九 cửu	山 sơn	也 giả	聖 thánh	與 dữ
乎 hồ	重 trùng	麓 lộc	巍 ngưng	鹽 tạc	草 thảo
蓋 cái	經 kinh	莫 mạc	然 nhiên	以 dĩ	木 mộc
不 bất	理 lý	不 bất	並 tỉnh	老 lão	俱 cụ
得 đặt	疆 cương	指 chỉ	久 cửu	臣 thần	爾 nhĩ
爲 vi	圉 ngữ	山 sơn	天 thiên	之 chi	詎 cự
斯 tư	之 chi	津 tân	地 địa	名 danh	意 ý
山 sơn	勤 cần	津 tân	不 bất	爲 vi	浚 tuấn
榮 vinh	次 thứ	然 nhiên	磨 ma	此 thử	港 hạng
而 nhi	及 cập	聚 tụ	今 kim	山 sơn	之 chi
尤 vưu	此 thử	談 đàm	而 nhi	之 chi	役 dịch
爲 vi	山 sơn	仰 ngưỡng	後 hậu	名 danh	却 khước
老 lão	得 đắc	思 tư	凡 phàm	是 thị	仰 ngưỡng
臣 thần	名 danh		順 thuận	山 sơn	荷 hà
不 bất	之 chi		流 lưu	即 tức	
世 thế	故 cố		而 nhi	老 lão	
之 chi	榮 vinh		利 lợi	臣 thần	
榮 vinh	哉 tai		涉 thiệp	而 nhi	
遇 ngộ	斯 tư		者 giả	老 lão	
也 giả	名 danh		經 kinh	臣 thần	
	乎 hồ		過 quá	即 tức	
	榮 vinh			此 thử	
	哉 tai			山 sơn	

工 công　部 bộ　僉 thiêm　事 sự　奉 phụng　守 thủ　朱 châu　篤 đốc　屯 đồn　錢 tiền　領 lương　公 công　務 vụ　段 đoàn　候 hầu　訂 đính　正 chánh

嘉 gia　定 định　城 thành　督 đốc　學 học　高 Cao　伯 bá　峩 Ngũ　草 thảo

鎮 trấn　邊 biên　務 vụ　加 da　一 nhứt　級 cấp　紀 kỷ　錄 lục　一 nhứt　次 thứ　瑞 thoại　玉 ngọc　候 hầu　製 chê

欽 khâm　差 sai　統 thông　制 chê　按 án　守 thủ

朱 châu　篤 đốc　屯 đồn　領 lãnh　保 bảo　護 hộ　高 Cao　綿 mên　國 quốc　印 ấn　兼 kim　管 quản　河 Hà　仙 tiên

明 Minh　命 mạng　三 tam　年 niên　壬 nhâm　午 ngũ　冬 đông　至 chí　後 hậu

山 sơn　名 danh　來 lai　歷 lịch　庶 thứ　永 vĩnh　垂 thùy　于 vu　不 bất　朽 hủ　云 vân　歲 tê　在 tại

謹 cẩn　於 ư　山 sơn　麓 lộc　竪 thụ　山 sơn　神 thần　廟 miều　鐫 tuân　石 thạch　爲 vi　碑 bia　大 đại　誌 chí　瑞 thoại　山 sơn　二 nhị　字 tự　拜 tinh　敘 tự

NOTE DU TRADUCTEUR

Les monuments laissés aux générations qui les suivent par les peuples, sont en raison directe de la force vitale que leur a conférée le créateur et en caractérisent le génie.

Le pays de Nam-Ky (Basse-Cochinchine) n'était pas depuis longtemps possédé par l'Annam ; c'est un pays pauvre qui ne pouvait laisser d'oeuvres d'art ; car tout ce qui développe le génie artistique d'une nation lui manquait ; mais, en revanche, le pays étant couvert de cours d'eau plus ou moins importants qui en sont pour ainsi dire les chemins, ses habitants devaient employer toutes leurs ressources à les mettre en communication les uns avec les autres. Aussi le peuple de l'Annam fait-il consister toute sa gloire dans la création des deux canaux d'Hatên et du Rachgia et honore t-il la mémoire du grand mandarin Thai-ngoc-Hâu auquel l'empereur Minh-Mang fit construire un tombeau sur lequel on grava une inscription destinée à perpétuer sa mémoire et à retracer les beaux travaux exécutés sous son administration.

Ce mandarin, originaire de Quang-Nam, resta fidèle à l'empereur Gia-Long, même alors que ce souverain se retira à Bangkok et que sa fortune chancelante était prête à crouler sous l'effort des révoltés Tay-son.

Il contribua beaucoup à dompter cette rébellion et, plus tard, en récompense de ses bons services, fut nommé gouverneur des Tran de Luong-Son, de Vinh-thanh et d'Hatiên, du Don de Chaudoc, et Protecteur de Phan-Bang (Cambodge).

Il était contemporain du Ta-quan (maréchal d'aile gauche) Lê-van-Doat que les Français ont l'habitude de nommer « le grand ennuque » et dont le tombeau est actuellement à Binh-hoà, près de l'inspection de Giadinh.

Il creusa le canal de Vinh-tê (Hatiên) dans le courant de la 18e année du règne de Gialong, fonda des villages, bâtit le fort de Chaudoc, et dans la 3e année du règne de Minh-Mang, creusa le canal de Thoai-son (du Rachgia).

Je crois me rendre utile en traduisant, selon mes faibles lumières, ces deux inscriptions qui ne sont pas encore indiquées dans le Dia-du-chi et dans le Dia-dinh-thong-chi ou description du pays de Giadinh de M. Aubaret du P. Legrand, et qui seules peuvent expliquer l'origine des mots Chaudoc, Vinh-tê et Thoai-son qui remplacent les noms cambodgiens de Maht-Chréruk, Phnôm-sram et Phmôm-dèg. Cette traduction révèlera également les services éminents rendus à l'agriculture et au commerce par le Hâu-thoai-Ngoc auquel la Basse-Cochinchine est redevable des canaux de Vinh-tê et de Thoai-son et de la route de Chaudoc à la montagne de Nui-sam.

Près du chef-lieu de l'inspection de Longxuyên, un petit arroyo se détache du fleuve, et pénètre du Sud-Est à 10 kilomètres environ, puis ensuite se partage en deux autres plus petits, dont l'un par le canal de Thoai-son, coule à l'Est Sud-Est, l'autre Ba-dinh, au Sud-Ouest. C'est sur la rive gauche du premier de ces deux bras, et à 6 kilomètres de son point de départ que s'élève la montagne de Nui-Sâp.

Au pied de la montagne se trouve le village de Thoai-son qui a une pagode élevée au génie protecteur du pays, devant laquelle était dressée la pierre dont je traduis l'inscription.

La pierre de Vinh-tê se trouve devant le tombeau de Hâu-thoai-Ngoc dans le village du même nom au pied de Nui-sam ; entre cette montagne et le chemin qui en fait le tour.

Nui-sam est situé à l'Ouest à 7 kilomètres de Chau-doc en suivant la route faite par le Thoai-Ngoc.

Je termine, en avouant que mon peu de connaissance de la langue française m'a rendu très difficile cette traduction et en priant le critique d'être indulgent.

Les hommes éclairés savent d'ailleurs qu'il est impossible de rendre parfaitement l'idée de certains caractères chinois.

Saigon, le 1er novembre 1877.

TRÂN-VAN-HANH

Interprète principal de 1re classe du
Collège des Administrateurs stagiaires.

TRADUCTION

L'existence de la montagne (dont je fais ci-dessous la description) remonte depuis les temps anciens de la division du noir et du jaune (création du ciel et de la terre). Elle reçut son véritable nom lorsque parvint l'ordre royal décrétant la création du canal devant faire communiquer le fleuve de Longxuyên et le Rachgia.

Depuis cette époque la végétation a toujours été florissante et les nuages et la vapeur (qui couvrent le sommet de cette montagne) ont toujours apparu sous de riantes couleurs. Le sommet, comparé à celui des autres montagnes ordinaires ou élévations de terre, n'est pas très éloigné de la voûte céleste.

Dès l'antiquité, le territoire auquel elle appartient était sous la domination des barbares (Cambodgiens) qui l'appelèrent Nui-Sap (nom sous lequel elle est communément connue aujourd'hui).

Lors de la conquête de la région du Sud (Basse-Cochinchine) sur les Cambodgiens, par les armées conquérantes du précédent Saint (1) cette montagne fut indiquée sur la carte de la Basse-Cochinchine.

A cette époque, c'était un véritable Eden, les bois étaient épais et touffus et les champs étaient couverts d'herbes et servaient de retraite à des troupeaux bondissants de biches et de cerfs.

Cette remarquable région était complètement cachée (à la vue humaine) depuis je ne sais combien d'années, lorsqu'en automne de l'année Dinh-suu (1816) un décret du roi m'appela au commandement du Trân (2) de Vinh-thanh, et au printemps de l'année Mâu-dán (1817) je reçus un autre ordre royal m'ordonnant de canaliser la langue de terre qui rejoignait Dông ou Longxuyên et Rachgia.

Le jour où je reçus ce dernier ordre je fus pris d'un tremblement de cœur, et plongé dans une grande inquiétude (à la pensée qu'il me fallait accomplir cette tâche), je fis pourtant appel à un grand nombre de corvées j'ordonnai de couper les broussailles, de creuser la terre, et d'en tirer le sable et la vase sur une longueur de 12.410 tâm (3).

J'employai un mois entier pour achever cette œuvre et le canal existe aujourd'hui semblable à une rivière qui facilite la navigation perpétuelle qui porte d'un point à l'autre le mouvement et la vie.

---

(1) D'après les annales annamites, la Basse-Cochinchine avait été conquise sous le règne de Hien-minh-Vuong, seigneur des Nguyên sous la dynastie de Lê.

(2) Pendant le règne de Gia-Long, le Nam-ky ou Basse-Cochinchine était divisé en trois Trân et un Dôn. Le Trân de Dinh-biên comprenait les provinces de Giadinh et de Biênhoà, celui de Vinh-thanh comprenait celles de Vinhlong et de Dinh-tuong ; le Trân d'Hatiên est Ha iên même. Chaudoc était un dôù (fort ou citadelle), ces circonscriptions furent divisées en six provinces distinctes, sous Minh-Mang.

(3) Le tâm est une mesure de longueur équivalent à 5 coudées.

C'est sur le bord de ce canal que je trouve cette montagne dont la hauteur est de plus de 10 truong.

Elle a 2.478 tâm de tour et l'aspect de sa végétation qui s'élève par étages est du plus beau vert.

Les ondulations de sa végétation la font ressembler à un dragon qui se joue dans les eaux bleuâtres, et à un phénix dont les larges ailes viennent mollement effleurer la surface de l'océan. Cette montagne est donc un des plus beaux monuments qui soient sortis de la main du créateur.

Ce lieu sacré qui était caché aux regards n'avait encore été foulé par aucun pied humain : il ne fut réellement profané qu'à l'époque de la canalisation, et relevé sur les cartes qui furent présentées au Saint Miroir (S. M.) La découverte de cette montagne fut citée comme un fait des plus extraordinaires.

Par un édit préciaux (royal) le nom de Thoai fut donné comme appellation à cette montagne ; (Thoai-Son) (montagne de l'heureux présage) en souvenir des services rendus lors de la création du canal de Dông-Xuyên. S. M. voulut par là immortaliser mon nom et lui donner une existence éternelle, aussi ces actes me permettent-ils à moi, son vieux serviteur, d'être justement glorieux.

Je pense en moi-même que je suis de la race des citoyens de Quan-Nam (nom d'une province près de Hué), encore en bas âge, je quittai mon pays natal pour venir dans le Sud (Basse Cochinchine) je m'engageai volontairement dans les troupes royales, et je suivis (Gia-long) jusqu'au Vong-cac (1) (palais d'espérances), grâce à son amitié distinguée (à sa haute bienveillance et son éminente protection) je le suivis dans toutes ses démarches, tour à tour au Siam, au Laos, et au Cambodge (et après la reprise du pays sur les Tây-son) je fus nommé (Gouverneur) des deux Trân de Luong-son et de Dinh-Tuong.

Les faveurs royales ne s'arrêtèrent pas en si bon chemin, car je reçus en outre une épée d'honneur et un sceau (en signe de commandement et de pouvoir) de protecteur de Phan-bang (2) (Cambodge). Je compte depuis que je suis gouverneur du Trân et de Vinh-thanh, mes services rendus (à la cause royale) par plusieurs dizaines d'années, car j'ai servi successivement les deux cours (générations de Gia-long et de Ming-mang) mais toujours avec intégrité et un cœur sincère et fidèle ; et enfin j'ai mis le comble à tant de gloire et d'honneur en implantant mon drapeau de (Mao) Tiêc (3) dans la

---

(1) Vong-cac — Bangkok où l'empereur de Gia-dinh s'était réfugié après la grande révolte de Tây-son.

(2) Phan-bang est un titre conféré par le roi Thiêu-tri à ông Duông, près du roi actuel du Cambodge — Phan-bang signifie « royaume tributaire ».

(3) Mao-tiêc est un bâton au bout duquel sont attachés sept ou neuf glands de diverses couleurs, placés les uns au-dessous des autres et que le roi donnait aux mandarins méritants comme signe de commandement d'honneur et de victoire (trophée).

citadelle de Chaudoc où pendant une courte période de temps, j'ai eu la mission de creuser le canal de Vinh-tê (qui relie Chaudoc et Hatiên) et de pacifier le pays dévasté par les Cambodgiens.

Quoique les services que j'ai rendus soient de peu d'importance, je m'applaudis néanmoins d'avoir servi mon souverain. Mon occupation assidue au service du Gouvernement et ma réputation sont bien loin de pouvoir être comparées à celles de Khâu (1) gardien des clefs, et à celle de Vo (2) qui fit couper des montagnes et creuser des canaux, et je crains vraiment que, lorsque je rentrerai dans la vie privée, il ne soit dt que je suis semblable à la végétation (que je n'ai rien fait pour l'humanité et que mon existence n'a pas été bien remplie pen lant que j'étais au pouvoir).

Lorsque j'ai entrepris ces travaux de canalisation, je n'ai pas pensé un seul instant que je pourrais obtenir du Saint Miroir le grand honneur qu'il m'a fait en donnant mon nom à cette montagne qui existe à inébranlablement, et qui sera un éternel témoignage des services rendus par son vieux serviteur. Le ciel et la terre (le temps qui détruit tout) ne pourront la consumer. A partir de ce jour jusqu'à l'avenir le plus éloigné, tous ceux qui en barque monteront et descendront ce canal avec le courant favorable et passeront devant cette montagne et devant ses boi:, ne manqueront pas de remarquer et de rapporter son histoire.

Je pense q ie les services que j'ai ren lus à S. M. pour l'administration du pays, et mon nom qui a été donné à cette montagne (à cause de la canalisation que j'ai achevée) suffisent pour me rendre glorieux.

Oh! que mon nom est éclatant: que cette montagne aussi est glorieuse, mais les honneurs dont j'ai été comblé sont encore plus grands et demeureront éternels.

J'ai fait construire dans le bois de cette montagne une pagode en l'honneur du génie du lieu, et j'ai fait également tailler une grande pierre en tête de laquelle j'ai fait graver les deux gros caractères de Thoai-Son pour indiquer l'origine et le nom de la montagne, afin qu'elle y demeure perpétuellement et que le temps la respecte.

Fait au solstice d'hiver de l'année nhâm-ngu (1817) troisième année de règne de Minh mang.

Cette inscrip ion a été faite par le Hau-thoai-Ngoc, commandant délégué en chef, gouverneur du fort de Chaudoc, remplissant les fonctions de protec-

---

(1) Khâu-châu ou Khâu-lai-cong était un fidèle Tê-tuong (maréchal) sous la dynastie de Tông (Chine). Il soutint le sceptre du gouvernement et soumit les Tartares Dôt-Khuyêt du nord de la Chine.

(2) Dai-vo premier empereur de la dynastie Ha. Il avait rendu des services remarquables à son souverain lorsqu'il était au service de son prédécesseur Thuân. Il est célèbre surtout pour avoir accompli de grands travaux contre l'inondation qui submergea le pays. Il commença son règne l'an 2.205 avant l'ère chrétienne.

teur du Cambodge, et administrateur en chef du Trân frontière d'Ilatiên et d'une dignité d'un degré plus élevé que celle de Ky-luc.

Composé par Cao-ba-Nghi, directeur de l'instruction publique de la ville de Giadinh.

Rectifié par Doàn-hâu-kiêm-su du ministère des travaux publics, remplissant, par ordre royal, les fonctions de gardien de l'argent, des vivres et des pièces officielles du port de Chaudoc.

CHAPITRE IV

ADMINISTRATION

POPULATION

La province de Longxuyên compte 190.484 habitants dont :

108 Européens ;
1.842 Cambodgiens ;
1.588 Minh-huong et

184.960 Annamites ;
1.967 Chinois ;
19 Indiens.

DIVISION ADMINISTRATIVE

La province est divisée en 3 délégations, 8 cantons, 54 villages et 165 hameaux.

Les délégations sont celles du Chef-lieu, de Thôtnôt et de Chợmới. Nous consacrerons un chapitre spécial à chacune d'elles.

Les cantons sont ceux de : An-Bình, An-Phú, Định-Hoà, Định-Mỹ, Định-Phú, Định Phước, Định-Thành et Phong-thạnh-thượng.

Nous donnons ci-après, par délégation et par canton, la liste des villages et des hameaux.

I. — DÉLÉGATION DU CHEF-LIEU

A. — *Canton de Định-Phú* 定 富 (Tranquillité-Richesse)
(6 villages — 23 hameaux)

1° — Village de Định-Mỹ 定 美 (Tranquillité-Beauté)

Distance du Chef-lieu : 22 k.500 — moyens de transport { canot automobile / chaloupe / sampan

3 hameaux :

Mỹ-thạnh 美 盛 Beauté-Prospérité
Mỹ-thới 美 泰 Beauté-Florissante

Phú-hữu 富 有 Richesse-Avoir

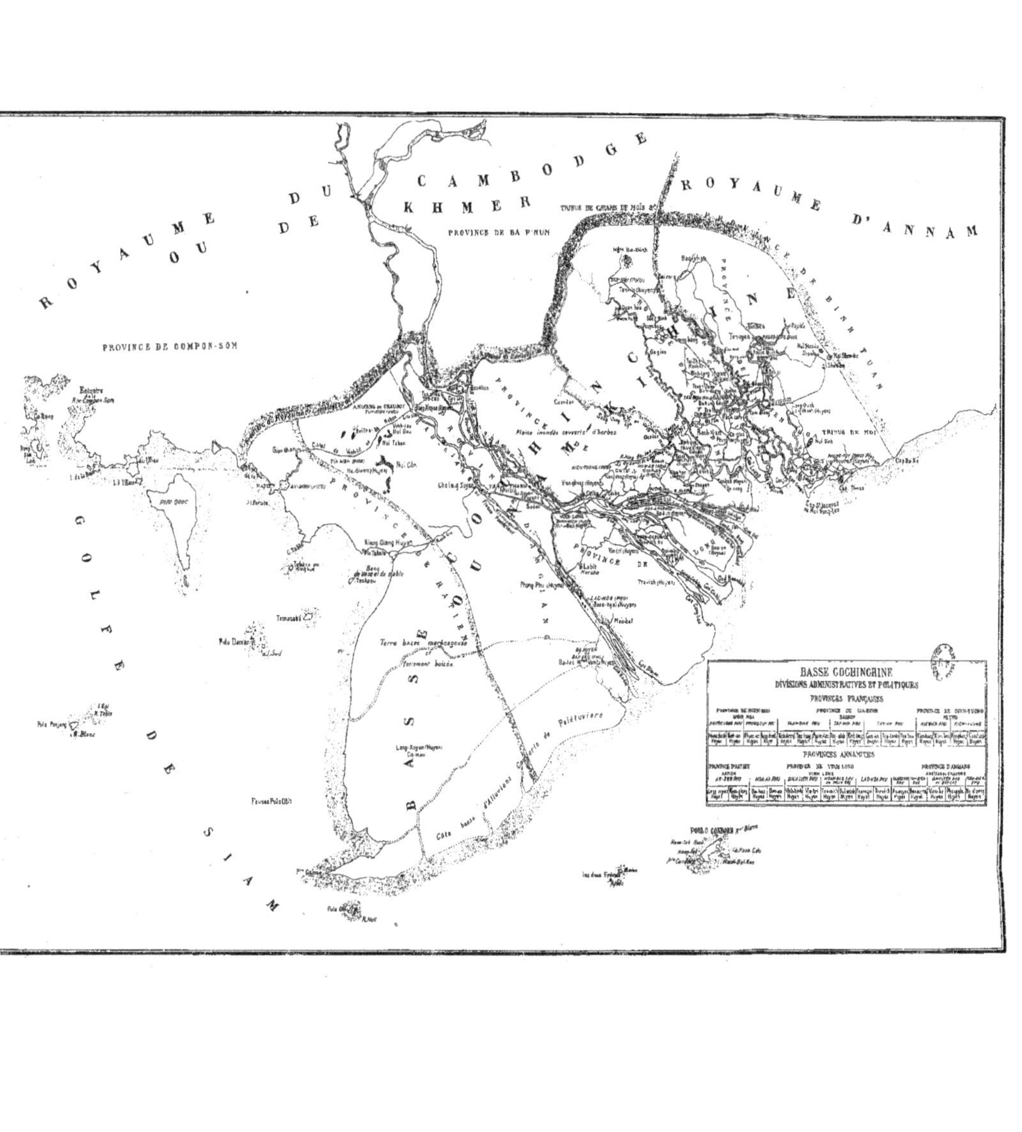

ROYAUME DU CAMBODGE
OU DE KHMER
ROYAUME D'ANNAM
PROVINCE DE BA P'NUN
PROVINCE DE COMPON-SÔM
GOLFE DE SIAM
BASSE COCHINCHINE
PROVINCE DE HA-TIEN
PROVINCE DE LONG
BASSE COCHINCHINE
DIVISIONS ADMINISTRATIVES ET POLITIQUES
PROVINCES FRANÇAISES
PROVINCES ANNAMITES

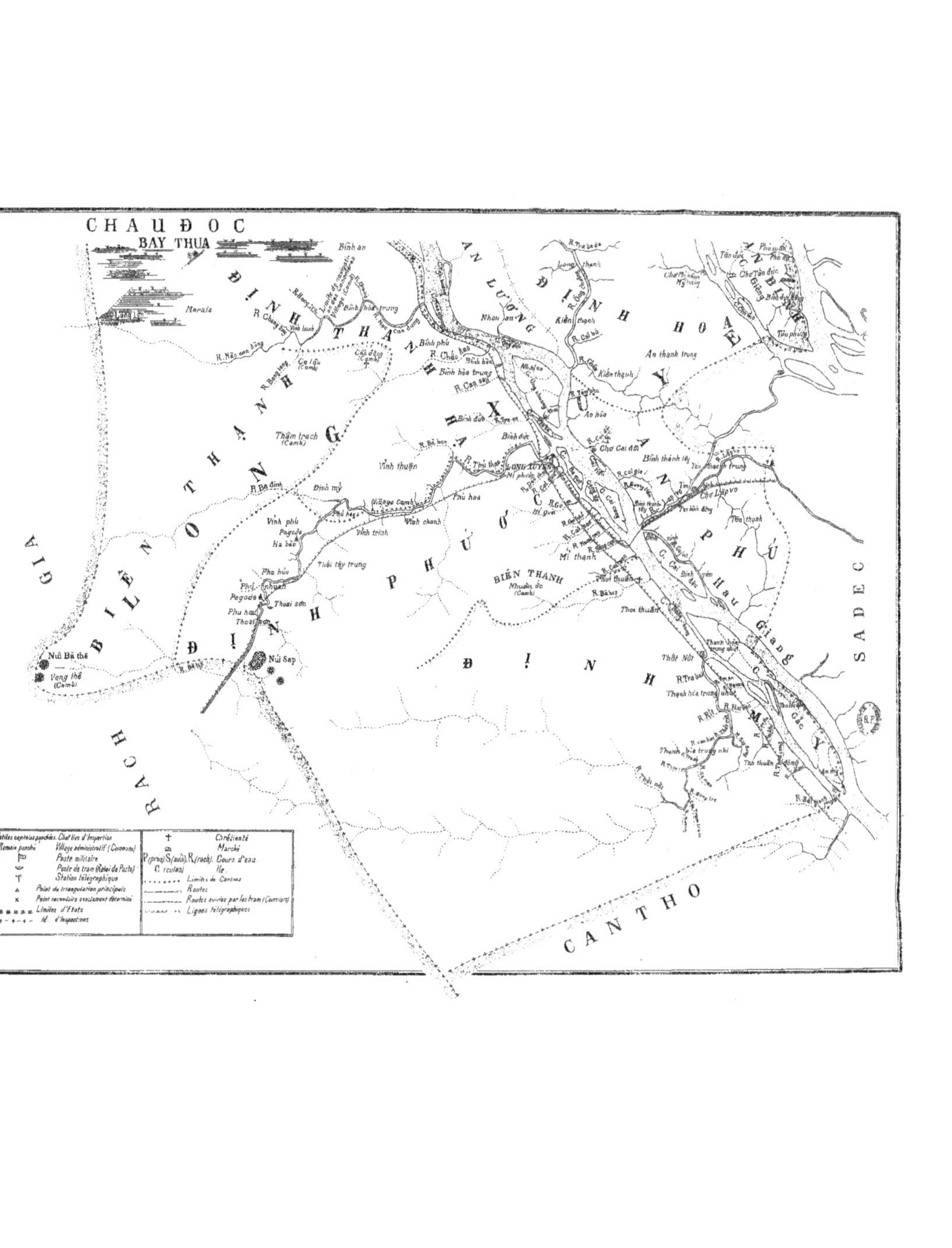

CHAU ĐOC
BAY THUA
CANTHO
SADEC
GIA
RACH
AN LƯỜNG
ĐINH THANH
ĐINH HOA
BIEN THANH
ĐINH PHƯƠC
AN XUYEN
HAU Giang
Marais
Bình an
Long thanh
Tân đức
Chợ Tân đức
Bình hòa trung
Nhon an an
Kiên thạnh
An thanh trung
Bình phu
Bình đức
Chợ Cai đôi
Vĩnh thuận
LONG XUYEN
Chợ Lấp vo
Đinh mỹ
Phú hoa
Vĩnh chanh
Mĩ thanh
Thổt Nốt
Núi Bà thê
Vọng thê (Camb)
Núi Sap
Thoai sơn
Thạnh hóa trung nhứt
Thạnh hóa trung nhi
Petites capitales penchées. Chef lieu d'Inspection
Romain penché   Village administratif (Commune)
                   Poste militaire
                   Poste de tram (Relai de Poste)
                   Station télégraphique
                   Point de triangulation principale
                   Point secondaire seulement déterminé
                   Limites d'Etats
                   Id. d'Inspections
Chrétienté
Marché
P (prng) S (suôi), R (rach). Cours d'eau.
C (culaw) Ile
Limites de Cantons
Routes
Routes suivies par les tram (Courrier)
Lignes télégraphiques

2º — Village de Phú-Nhuận 富潤 (Richesse perpétuelle)

Distance du Chef-lieu : 19 k. 000 — moyens de transport { canot automobile / chaloupe / sampan

3 hameaux :

Đông-phú 東富 Est-richesse	Trung-phú 中富 Milieu-Richesse
Tây-phú 西富 Ouest-richesse	

3º — Village de Thoại-Sơn 瑞山 (montagne Thoại) (1)

Distance du Chef lieu : 3ok.ooo — moyens de transport { canot automobile / chaloupe / sampan

5 hameaux :

Bắc-thạnh 北盛 Nord-prospérité	Tây-bình 西平 Ouest-calme
Đông-sơn 東山 Est-montagne	Trung-bình 中平 Milieu-calme
Nam-huê 南和 Sud-paix	

4º — Village de Vĩnh-phú 永富 (Eternelle richesse)

Distance du Chef-lieu : 20 k 000 — moyens de transport { canot automobile / chaloupe / sampan

3 hameaux :

Đông-phú 東富 Est-richesse	Trung-phú 中富 Milieu-richesse
Tây-phú 西富 Ouest-richesse	

5º — Village de Vĩnh-Trạch (2) 永澤 (Eternité-Marécage).

Distance du Chef-lieu : 13 k 000 — moyens de transport { canot automobile / chaloupe / sampan

6 hameaux :

Đông-bình 東平 Est-calme	Tây-bình 西平 Ouest-calme
Đông-bình-nhứt 東平 — Est-calme-premier	Trung-bình-nhì 中平 二 Milieu-calme-deuxième
Đông-bình-Trạch 東平澤 Est-calme-marécage	Trung-bình-nhứt 中平 — Milieu-calme-premier

---

(1) Nom donné par l'Empereur Gia-Long à la montagne de Núi-Sập en mémoire du grand mandarin Thoại-ngọc-Hầu chargé du creusement du canal reliant Longxuyên à Rachgia.

(2) Vinh-Trạch est formé des deux anciens villages de : Tham-trach 深澤 Profond-marécage et Vinh-thuân 永順 Eternité-concorde (Ar. du 13 Déc. 1919).

6º — Village de Vọng-Thê 望 棲 (Parages-Force).

Distance du Chef-lieu: 42k000 · moyens de transport { canot automobile / chaloupe / sampan

3 hameaux :

Vọng-đông 棲 東 Parages-Est   Vọng-lây Parages-Ouest
Trung-sơn 中 山 M lieu-Montagne

B. — *Canton de Định-Phước* 定 福 (Tranquillité-Bonheur).
(6 Villages — 22 hameaux)

1º — Village de Mỹ-Phước (1) 美 福 (Beauté-Bonheur) Chef-lieu

6 hameaux :

Đông-an 東 安 Est-Tranquillité   Mỹ quới 美 貴 Beauté-Noblesse
Đông-bình 東 平 Est-calme   Tây-hoà 西 和 Ouest-Paix
Đông-thành 東 盛 Est-prospérité   Tây-khánh 西 慶 Ouest-Allégresse.

2º — Village de Mỹ-Thạnh 美 盛 (Beauté-Prospérité).

Distance du Chef-lieu : 5k 500 — moyens de transport { Auto / chaloupe / sampan

3 hameaux :

Đông-thạnh 東 盛 Est-prospérité   Tây-thạnh 西 盛 Ouest-prospérité
Long-thạnh 隆 盛 Prospérité

3º — Village de Phú-Hoà 富 和 (Richesse-Paix).

Distance du Chef-lieu : 13k 000 — moyens de transport { canot automobile / sampan

4 hameaux :

Phú-hữu 富 有 Richesse-avoir   Hoà-tây 和 西 Paix-ouest
Phú-thiện 富 善 Richesse-bonté   Hoà-đông 和 東 Paix-Est

4º — Village de Thái-tây-Trung 泰 西 中 (Prospérité-ouest-milieu).

Distance du Chef-lieu : 19k 500 — moyens de transport { canot automobile / sampan

2 hameaux :

Thới-an 泰 安 Prospérité tranquillité   Thới-thạnh 泰 盛 Prospérité

---

(1) Le village de My-phuoc comprend l'ancien village de My quoi 美 貴 Beauté-noblesse. D'autre part, la partie du village d'An-hoà 安 和 (Tranquillité-Paix) située dans l'île de Bà-pho-Quê a été rattachée à My-phuoc (Ar. du 7 nov. 1916).

5° — Village de Vĩnh-Chánh 永政 (Eternité-administration)

Distance du chef-lieu : 13ᵏ000 — moyens de transport { canot automobile / sampan }

2 hameaux :

Đông an 東安 Est-tranquillité | Tây-an 西安 Ouest-tranquillité

6° — Village de Vĩnh-Trinh (1) 永禎 (Eternité-Douceur).

Distance du Chef-lieu : 17ᵏ500 — moyens de transport { canot automobile / sampan }

5 hameaux :

Nhuận-ôc 潤屋 Bonne-maison
Vĩnh-lôc 永祿 Eternité-richesse
Vĩnh-phước 永福 Eternité-bon-
heur

Vĩnh-thọ 永壽 Eternité vie
Vĩnh-trương 永長 Eternité longévité

C. — *Canton de Định-Thành* (2) 定成 (Tranquillité-réussite)
(7 villages — 27 hameaux)

1° — Village de Bình-Đức 平德 (Calme-vertu)

Chef-lieu

5 hameaux

Bình-Hoà 平和 Calme-paix
Bình-Khánh 平慶 Calme-allégresse
Bình-Long 平隆 Calme-prospérité

Bình-Thạnh 平盛 Calme-prospérité
Bình-Thới 平泰 Calme-florissante

---

(1) Le village de Vinh-trinh comprend l'ancien village de Nhuân-ôc 潤屋 (Bonne-maison) (Ar. du 13 décembre 1919).

(2) Sous le Gouvernement Annamite ce canton s'appelait déjà « Dinh-Thành ». Mais cinq ans après la conquête de la province de Chaudoc, celle-ci fut divisée en deux provinces distinctes : Chaudoc et Longxuyên. Le canton fut, à son tour, scindé en deux : le premier, rattaché à Chaudoc, reçut le nom de « Dinh-thành-thoong » ; le second, rattaché à Longxuyên, prit le nom de « Dinh-thành-hạ». En 1917, les notables des neuf villages composant ce canton, étant donné qu'il n'existait dans la province de Longxuyên qu'un seul canton du nom « Dinh-thành », demandèrent à l'Administration, par l'intermédiaire du Conseil de province, de vouloir bien supprimer du nom de « Dinh-thành-hạ » le caractère « Hạ » qui signifiait « Inférieur » et était néfaste au canton. Il leur fut accordé satisfaction et, depuis lors, le canton reprit son nom primitif de « Dinh-thành ».

2º — Village de Bình-Hoà (1) 平 和 (Calme-paix)

Distance du Chef-lieu : 17 k. 000 — moyens de transport { canot automobile / chaloupe / sampan

4 hameaux :

Bình-Phú 平 富 Calme-richesse	Phu-Hoà 富 和 Richesse-paix
Phú-An 富 安 Richesse-tranquillité	Phú-Thạnh 富 盛 Richesse prospérité

3º — Village de Bình-Thủy 平 水 (Calme-Eau).

Distance du Chef-lieu : 12 k. 000 — moyens de transport { canot automobile / chaloupe / sampan

4 hameaux :

Bình-an 平 安 Calme-tranquillité.	Bình-phú 平 富 Calme-richesse.
Bình hoà 平 和 Calme-paix.	Bình-thoi 平 泰 Calme-florissant.

4º — Village de Cần-Dăng 芹 簦 (Ligne de pêche — Elévation).

Distance du Chef-lieu : 23 k. 000 — moyens de transport { canot automobile / chaloupe / sampan

2 hameaux :

Cần-thới 芹 泰 Ligne de pêche-florissante.	Cần-thanh 芹 盛 Ligne de pêche-prospère.

5º — Village de Hoà-bình-Thạnh (2) 和 平 盛 (Paix-Calme-Prospérité).

Distance du Chef-lieu : 12 k. 000 — moyens de transport { canot automobile / chaloupe / sampan

2 hameaux :

Hoà-lợi 和 利 Paix-avantage.	Hoà-thạnh 和 盛 Paix-prospérité.

6º — Village de Mỹ-hoà-Hưng (3) 美 和 興 (Beauté-Paix-augmentation).

Distance du Chef-lieu : 3 k. 000 — moyens de transport { canot automobile / chaloupe / sampan

6 hameaux :

Mỹ-An 美 安 Beauté-tranquillité.	Mỹ-long 美 隆 Beauté-prospère.
Mỹ-Hiệp 美 合 Beauté union.	Mỹ-thạnh Beauté-prospérité
Mỹ-khánh 美 慶 Beauté-allégresse.	Mỹ-thuận Beauté-concorde.

---

(1) Au village de Bình-hoà a été ajouté l'ancien village de Bình-phu 平 富 Calme-Richesse. (Ar. du 13 décembre 1919).

(2) Le village Hoà-bình-Thanh est formé des anciens villages de Cà-Lâu et Hoà-Bình (Ar. du 13 décembre 1919).

(3) Depuis le 1er janvier 1917 le village de Mỹ-hoà-Hưng comprend les anciens villages de Hưng-Châu 興 洲 Prospère-circonscription et Mỹ-hội-Tiểu 美 會 小 Beauté-réunion-petitesse formant tous deux l'île de Cùlao ông-hô (Ar. du 7 novembre 1916).

7º — Village de Vĩnh-Hanh 永亨 (Eternité-longévité)

Distance du chef-lieu : 27ᵏ000 — moyens de transport { canot automobile / chaloupe / sampan

4 hameaux :

Vĩnh-hòa 永和 Eternité-paix	Vĩnh-thạnh 永盛 Eter.-prospérité
Vĩnh-thới 永泰 Eternité-florissante	Vĩnh-lợi 永利 Eternité-avantage

II. — DÉLÉGATION DE THOTNOT

A. — *Canton d'An-Phú* 安富 (Tranquillité-Richesse)
(7 Villages — 30 hameaux)

1º — Village d'An-hoà 安和 (Tranquillité-Paix)

Distance du chef-lieu : 3 k.000 — moyens de transport { canot automobile / chaloupe / sampan

6 hameaux :

An-mỹ 安美 Tranquillité-Beauté	An-thái 安泰 Tranquillité-Prospère
An-luong 安良 Tranquillité-Bonté	An-thạnh 安盛 Tranquilli té-Pros-périté
An-quơi 安貴 Tranquillité-Noblesse	An-thuận 安順 Tranquillité-Concorde

2º — Village de Bình-Ninh 平寧 (Calme-Tranquillité)
(Marché de Lâpvò) 垃圬 (Calfatage)

Distance du chef-lieu : 13k000 — moyens de transport { canot automobile / chaloupe / sampan

3 hameaux :

Bình-Điên 平田 Calme-rizière	Bình-thủy 平水 Calme-eau
Bình-sơn 平山 Calme-montagne	

3º — Village de Bình-Thành-Tây 平城西 (Calme-citadelle-ouest

Distance du chef-lieu : 13 k.000 — moyens de transport { canot automobile / chaloupe / sampan

4 hameaux :

Bình-lợi 平利 Calme-avantage	Bình-quơi 平貴 Calme-noblesse
Bình-phú 平富 Calme-richesse	Bình-thạnh 平盛 Calme-prospérité

4° — Village de Định-Yên 定 安 (Tranquillité-paix).

Distance du chef-lieu : 16ᵏ000 — moyens de transport { canot automobile / chaloupe / sampan

7 hameaux :

An-bình 安 平 Tranquillité-calme
An-hoả 安 和 Tranquillité-paix
An-khương 安 康 Tranquillité-vigueur
An-lạc 安 樂 Tranquillité-joie

An-lợi 安 利 Tranquillité-avantage
An-ninh 安 寧 Tranquillité-calme
An-phong 安 豐 Tranquillité-abondance

5° — Village de Tân-Bình 新 平 (Nouveauté-calme).

Distance du chef-lieu : 17ᵏ000 — moyens de transport { canot automobile / chaloupe / sampan

5 hameaux :

Bình-hoả 平 和 Calme-paix
Bình-hội 平 會 Calme-réunion
Bình-hiệp 平 合 Calme-union

Bình-thạnh 平 盛 Calme-prospérité
Bình-trung 平 中 Calme-milieu

6° — Village de Tân-Bình-Đông 新 平 東 (Nouveauté-calme-est)

Distance du chef-lieu : 14ᵏ000 — moyens de transport { canot automobile / chaloupe / sampan

4 hameaux :

Bình-dinh 平 盈 Calme-plénitude
Bình-phú 平 富 Calme-richesse

Bình-quới 平 貴 Calme-noblesse
Bình-sung 平 充 Calme-importance

7° — Village de Tân-Thạnh-Trung 新 盛 中 (Nouveauté-prospérité-milieu).

Distance du chef-lieu : 23 k. 000 — moyens de transport { canot automobile / chaloupe / sampan

3 hameaux :

Tân-an 新 安 Nouveauté-tranquillité.
Tân-hoà 新 和 Nouveauté-paix.

Tân-thành 新 成 Nouveauté-réussite

B. — *Canton de Dịnh-Mỹ* 定美 (Tranquillité-beauté).
(10 villages — 40 hameaux).

1º — Village de Tân-Hưng 新興 (Nouveauté-augmentation).

Distance du chef-lieu : 26 k. 000 — moyens de transport { canot automobile / sampan

3 hameaux :

Tân-bình 新平 Nouveauté-calme.	Tân-thạnh 新盛 Nouveauté-pros-
Tân-lợi 新利 Nouveauté-avantage.	périté.

2º — Village de Tân-Lộc-Đông 新祿東 (Nouveauté-richesse-est).

Distance du chef-lieu : 27 k. 000 — moyens de transport { canot automobile / chaloupe / sampan

3 hameaux :

Tân-an 新安 Nouveauté-tranquil-lité.	Đông-bình 東平 Est-calme.
Tân-mỹ 新美 Nouveauté-beauté.	

3º — Village de Tân-Lộc-Tây 新祿西 (Nouveauté-richesses-ouest).

Distance du chef-lieu : 23 k.000 — moyens de transport. { canot automobile / chaloupe / sampan

4 hameaux :

Lân-thạnh 麟盛 Licorne-prospérité	Phước-lộc 福祿 Bonheur-richesses
Long-châu 龍珠 Dragon-perle	Trường-thọ 長壽 Longévité

4º — Village de Tân Thuận-đông 新順東 (Nouveauté-concorde-est)

Distance du chef-lieu : 26 k.000 — moyens de transport. { canot automobile / chaloupe. / sampan

5 hameaux :

Tân-an 新安 Nouveauté-tranquillité	Tân-phú-nhứt 新富壹 Nouveauté-richesse-premier
Tân-bình 新平 Nouveauté-calme	
Tân-phú-nhì 新富貳 Nouveauté-richesse-deuxième	Tân-thạnh 新盛 Nouveauté-prospérité

5° — Village de Thạnh-An 盛 安 (Prospérité-Tranquillité)

Distance du chef-lieu : 27 k.000 — moyens de transport. } canot automobile / sampan

3 hameaux :

An-hoà 安 和 Tranquillité-paix
An-khương 安 康 Tranquillité-vigueur

An-thới 安 泰 Tranquillité-floris-
sante

6° – Village de Thạnh-Hoà-Trung-Nhì (1) 盛 和 中 二
(Prospérité-paix-milieu-deuxième).

Distance du chef-lieu : 22 k 500 — moyens de transport { voiture automobile / canot automobile / chaloupe / sampan

6 hameaux :

Thạnh-bình 盛 平 Prospérité-calme
Thạnh-lộc 盛 祿 Prospérité-riches-
ses
Thạnh-lợi 盛 利 Prospérité-avan-
tage

Thạnh-phú 盛 富 Prospérité-richesse
Thạnh-phước 盛 福 Prospérité-
bonheur
Thạnh-quới 盛 貴 Prospérité-noblesse

7° — Village de Thạnh-Hoà-Trung-Nhứt 盛 和 中 一
(Prospérité-paix-milieu-premier).
(Marché de Thotnot).

Distance du chef-lieu : 17 k 500 — moyens de transport { voiture automobile / canot automobile / chaloupe / sampan

6 hameaux :

Lân-thạnh 麟 盛 Licorne-prospérité
Long-thạnh 龍 盛 Dragon-prospé-
rité
Phụng-thạnh 鳳 盛 Phénix-prospé-
rité

Phú-lộc 富 祿 Richesse-biens
Qui-thạnh 龜 盛 Tortue sacrée-
prospérité
Tràng- thọ 長 壽 Longévité

---

(1) Depuis le 1er janvier 1918 le village de Thanh-hoà-trung-nhi est divisé en trois zônes : Thanh-hoà-trung-nhi, Thạnh-phu et Thanh-quoi (Ar. du 16 octobre 1917).

8º — Village de Thạnh-Phú 盛富 (Prospérité-richesse).

Distance du chef lieu : 39 k 000 — moyens de transport { canot automobile / sampan

4 hameaux :

Thạnh-hưng 盛興 Prospérité-aug-
mentation

Thạnh-lộc 盛祿 Prospérité-riches-
ses

Thạnh-lợi 盛利 Prospérité-avan-
tage

Thạnh-phước 盛福 Prospérité-
bonheur

9º — Village de Thạnh-Quới 盛貴 (Prospérité-noblesse).

Distance du chef-lieu : 39 k. 000 — moyens de transport { canot automobile / sampan.

2 hameaux :

Lân-thạnh 麟盛 Licorne-prospérité.

Long-thạnh 龍盛 Dragon-prospé-
rité.

10º — Village de Thới-Thuận 泰順 (Florissante-concorde).

Distance du chef-lieu : 13 k. 500 — moyens de transport { Voiture automo-bile / canot automobile / chaloupe / sampan

4 hameaux :

Thới-an 泰安 Florissante-Tran-
quillité.

Thới-bình 泰平 Florissante-calme.

Thới-hoà 泰和 Florissante-paix.

Thới-thạnh 泰盛 Florissante-pros-
périté.

III. — DÉLÉGATION DE CHOMOI

A. — *Canton d'An-bình* 安平 (Tranquillité-calme).
(4 villages — 17 hameaux).

1º — Village de Bình-Phước-Xuân (1) 平福春 (Calme-Bonheur-Printemps)

Distance du chef-lieu : 34 k. 000 — moyens de transport { canot automobile / chaloupe / sampan

4 hameaux :

Bình-phú 平富 Calme-richesse.

Bình-phước 平福 Calme-bonheur.

Bình-tân 平進 Calme-progression.

Bình-trung 平中 Calme-milieu.

---

(1) Ce village est formé des trois anciens villages : Bình-đức-đông, Phu-xuân et Tân-phuoc (Ar. du 13 décembre 1919).

2º — Village de Mỹ-Chánh 美政 (Beauté-administration).

Distance du chef-lieu : 35 k. ooo — moyens de transport { canot automobile / chaloupe / sampan

4 hameaux :

Mỹ-đông 美東 Beauté-est. | Trung 中 Milieu.
Mỹ-thị 美市 Beauté-marché. | Tây-thượng 西上 Ouest-supérieur.

3ª — Village de Mỹ-Hưng 美興 (Beauté-augmentation).

Distance du chef-lieu : 29 k. ooo — moyens de transport { canot automobile / chaloupe / sampan

2 hameaux :

Nhạn-châu 鴈球 Mouette-perle. | Tây 西 Ouest.

4º — Village de Tân-Đức (1) 進德 (Progresse-vertu).

Distance du chef-lieu 20 k ooo — moyens de transport { canot automobile / chaloupe / sampan

7 hameaux :

Tân-an 進安 Progression-tranquil- | Tân-phú-thượng 進富上 Progres-
lité | sion-richesse-supérieur
Tân-bình 進平 Progression-calme | Tân-thuận 進順 Progression con-
Tân-hoà 進和 Progression-paix | corde.
Tân-phú-hạ 進富下 Progression- | Tân-quới 進貴 Progression nobles-
richesse-inférieur. | se.

B. — *Canton de Định-Hoà* 定和 (Tranquillité-paix).
(8 villages — 37 hameaux)

1º — Village de An-Thạnh-Trung 安盛中 (Tranquillité-prospérité-milieu)

Distance du chef-lieu : 12 k ooo — moyens de transport { canot automobile / sampan

3 hameaux :

An-bình 安平 Tranquillité-calme | An-tịnh 安靜 Tranquillité-silence
An-phú 安富 Tranquillité-richesse |

___

(1) Depuis le 1er janvier 1917, l'îlot « Côn-bà-sang », situé à la pointe Nord de l'île
de Culaogiêng, ainsi que la partie Nord de cette île comprise entre l'îlot précité et le
rach « Xép-ranh » dépendant du village de Long-diên, ont été rattachés à Tân-đuc (Ar.
du 7 novembre 1916).

2º — Village de Kiên-An 建 安 (Création-tranquillité).

Distance du chef-lieu : 24 k 000 — moyens de transport { canot automobile / chaloupe / sampan

4 hameaux :

Kiên-binh 建 平 Création-calme	Kiên-phú 建 富 Création-richesse
Kiên-hoà 建 和 Création-paix	Kiên-thuận 建 順 Création-concorde

3º — Village de Long-Điền 隆 田 (Prospérité-rizière).
(Marché de Chomoi).

Distance du chef-lieu : 22 k. 000 — moyens de transport { canot automobile / chaloupe / sampan

6 hameaux :

Long-binh 隆 平 Prospérité-calme.	Long-phú 隆 富 Prospérité-richesse.
Long-định 隆 定 Prosp.-tranquillité.	Long-quới 隆 貴 Prosp.-noblesse.
Long-hoà 隆 和 Prospérité-paix.	Long-thuận 隆 順 Prosp.-concorde.

4º — Village de Long-Kiên 隆 建 (Prospérité-Création).

Distance du chef-lieu : 11 k. 000 — moyens de transport { canot automobile / chaloupe / sampan

8 hameaux :

Long-binh 隆 平 Prospérité-calme.	Long-phú 隆 富 Prospérité-richesse.
Long-định 隆 定 Prosp.-tranquillité.	Long-quới 隆 貴 Prospérité-noblesse.
Long-hoà 隆 和 Prospérité-paix.	Long-thạnh 隆 盛 Prosp.-florissante.
Long-mỹ 隆 美 Prospérité-beauté.	Long-thuận 隆 順 Prosp.-concorde.

5º — Village de Mỹ-Hoà 美 和 (Beauté-paix).

Distance du chef-lieu : 12 k. 000 — moyens de transport { canot automobile / chaloupe / sampan

2 hameaux :

Mỹ-an 美 安 Beauté-tranquillité.	Mỹ-thuận 美 順 Beauté-concorde.

6º — Village de Mỹ-Hội-Đông 美 會 東 (Beauté-réunion-Est).

Distance du chef-lieu : 14 k. 000 — moyens de transport { canot automobile / chaloupe / sampan

5 hameaux :

Mỹ-Đức 美 德 Beauté-vertu.	Mỹ-thạnh 美 盛 Beauté-prospérité.
Mỹ-hoà 義 和 Beauté-Paix.	Mỹ-thuận 美 順 Beauté-concorde.
Mỹ-thành 美 成 Beauté-réussite.	

7º — Village de Mỹ-Luông 美隆 (Beauté-prospérité).

Distance du chef-lieu : 22 k. 000 — moyens de transport { canot automobile / chaloupe / sampan

5 hameaux :

Mỹ-hoà 美 和 Beauté-paix.	Mỹ-thuận 美 順 Beauté-concorde.
Mỹ-lợi 美 利 Beauté-avantage.	Mỹ-trung 美 中 Beauté-milieu.
Mỹ-thạnh 美 盛 Beauté-prospérité.	

8º — Village de Nhơn-An 仁 安 (Générosité-tranquillité).

Distance du chef-lieu : 12 k. 000 — moyens de transport { canot automobile / chaloupe / sampan

4 hameaux :

Nhơn-hoà 仁 和 Générosité-paix.	Nhơn-mỹ 仁 美 Générosité-beauté.
Nhơn-lợi 仁 利 Générosité-avantage.	Nhơn-nghĩa 仁 義 Générosité-fidélité.

C. — *Canton de Phong-Thạnh-Thượng* 豐 盛 上
(abondance-prospérité-supérieur)

(6 villages-18 hameaux).

1º — Village d'An-Phong 安 豐 (Tranquillité-abondance).

Distance du chef-lieu : 36 k. 000 — moyens de transport { canot automobile / chaloupe / sampan

3 hameaux :

Cai-vạng 該 萬 Caporal-Vạng.	Xóm-xép 坫 腦 Hameau - petit cours d'eau.
Xóm-chợ 坫 幣 Hameau-marché.	

2º — Village de d'An-Phú 安 富 (Tranquillité-richesse).

Distance du chef-lieu : 44 k 000 — moyens de transport { canot automobile / chaloupe / sampan

2 hameaux :

Cái-mây 丐 遁 Rivière-rotin	Cái-tre 丐 杣 Rivière-bambou

3º — Village d'An-Thành 安 成 (Tranquillité-réussite).

Distance du chef-lieu : 54 k 000 — moyens de transport { canot automobile / chaloupe / sampan

2 hameaux :

Kinh-vinh 涇 榮 Canal-vinh	Cái-gốc 丐 榕 Rivière-souches

4º — Village de Bình-Thành 平 成 (Calme-réussite).

Distance du chef-lieu : 30 k 000 — moyens de transport { canot automobile / chaloupe / sampan

3 hameaux :

Cái-dầu 丐 油 Rivière-dầu (nom d'arbre)
Cái-lách 丐 櫪 Rivière-lách (nom d'arbuste)

Cái-tre 丐 椥 Rivière-bambou

5º — Village de Tân-Phú 新 富 (Nouveauté-richesse)

Distance du chef-lieu : 29 k 000 — moyens de transport { canot automobile / chaloupe / sampan

4 hameaux :

Cái-cái 丐 丐 Rivière-principal
Lang-tương 滷 象 Plaine-éléphant

Trà-bông 茶 芄 Thé-fleur
Xeo-tre 椥 Petit-cours d'eau-bambou

6º — Village de Tân-Thạnh 新 盛 (Nouveauté-prospérité).

Distance du chef-lieu : 25 k 000 — moyens de transport { canot automobile / chaloupe / sampan

4 hameaux :

Bà-đường 妑 唐 Madame Đường
Bà-Huỳnh 妑 黃 Madame Huỳnh

Bùng-binh 蓬 兵 Baie
Cai-Vạng 該 萬 Caporal Vạng

Conseil de province. — Le conseil de province est composé de dix membres.

Il a chaque année deux sessions ordinaires : l'une en septembre-octobre, l'autre en février-mars.

A la première session, il vote le budget primitif pour l'exercice suivant.

A la deuxième session, il examine le compte rendu de l'ordonnateur pour l'exercice précédent et vote le budget rectificatif de l'exercice en cours (budget complémentaire).

Le conseil de province peut être réuni extrao dinairement.

Les budgets — Le total des budgets de la province en 1923 s'élève à 579.647 $ 56 dont 287. 897 $ 56 pour le budget provincial et 291.750 $ 00 pour les budgets communaux.

Congrégations chinoises

Les chinois résidant dans la province sont groupés d'après leur pays d'origine, leur dialecte ou leur religion en plusieurs congrégations.

Ces congrégations sont les suivantes :

1° — Les Congrégations réunies de Canton, Akaset Hainam } dirigés par un chef et un sous-chef ;
2° — La Congrégation de Triêu-châu — do —
3° — — do — Phuoc-kiên — do —

Statistique administrative

Les différents services de la Colonie représentés à Longxuyên sont : les Services civils, la Justice, l'Armée, l'Assistance médicale, le Trésor, les Travaux publics, l'Enseignement, les Douanes et Régies, la Gendarmerie, les Postes et Télégraphes.

Les services civils

La direction politique et administrative de la province est confiée à un Administrateur des Services civils. Ce fonctionnaire est chargé du contrôle général de tous les services civils et financiers et de celui de l'Administration cantonale et communale. Il remplit les fonctions d'officier de l'état-civil pour les Européens. Il est, d'autre part, officier de police judiciaire, auxiliaire du Procureur de la République.

L'Administrateur est assisté d'un Administrateur-adjoint qui le remplace en cas d'absence. Il a également sous ses ordres les chefs des postes administratifs.

L'Administrateur-adjoint est chargé des fonctions de Contrôleur du Mont-de-piété et de Vérificateur des poids et mesures. Il assure, en outre, depuis la guerre, le service de comptable du Service régional.

La justice

Depuis la guerre, le tribunal de Longxuyên, comme la plupart des autres tribunaux de Cochinchine, fonctionnait comme Justice de Paix à compétence étendue. Il vient d'être rétabli par arrêté du Gouverneur Général en date du 6 décembre 1923.

Il est composé d'un président, d'un procureur, d'un juge suppléant, d'un greffier et de deux commis-greffiers.

Bureaux de l'Inspection
(Vue prise au moment de l'inondation de 1923).

Le Juge suppléant est chargé de l'instruction. Le Greffier fait fonctions de notaire et de commissaire-priseur.

A ces auxiliaires de la Justice il y a lieu d'ajouter deux huissiers.

Le Tribunal de Longxuyên ressortit de la Cour de Cantho.

L'ARMÉE

Le poste militaire est situé sur un terrain s'étendant le long d'un petit bras du fleuve postérieur (Rach Longxuyên) qui débouche dans le canal de Rachgia. Ce terrain, avec le fossé qui l'entoure sur trois faces, mesure une superficie totale de deux hectares, 48 ares, 75 centiares.

Il est borné :

Au Nord-Est, par une rue située dans le prolongement du pont « HENRY »;

Au Sud-Est, par le rach de Longxuyên ;

Au Sud-Ouest, par un fossé ;

Au Nord-Ouest, par une rue.

Evacué à diverses reprises, le poste a été réoccupé en juillet 1921 par un peloton de la 16e Compagnie du Régiment de Tirailleurs Annamites, devenue 5e Compagnie depuis le mois d'avril 1923.

A l'heure actuelle il n'existe plus qu'une section de 40 hommes commandée par un lieutenant ayant sous ses ordres un sergent européen et deux sergents indigènes.

ASSISTANCE MÉDICALE

La province de Longxuyên n'a pas toujours été favorisée sous le rapport de l'Assistance médicale. Le poste a été, en effet, pendant très longtemps, dépourvu de médecin : c'était celui de Cantho (ou, en son absence celui de Chaudoc) qui, avant 1907, venait deux fois par mois, y donner des consultations. A cette époque, le Comptable de l'Inspection était chargé de la pharmacie et un infirmier indigène, recruté sur place, assurait le service d'une infirmerie installée dans le bâtiment occupé actuellement par le Service des Travaux publics. Deux fois par an, les habitants recevaient la visite d'un médecin-vaccinateur.

En 1907, pour la première fois, un médecin fut affecté à Longxuyên. Deux ans plus tard, on commença la construction de l'hôpital et depuis cette époque, le service de l'Assistance n'a cessé de progresser dans la province.

HÔPITAL DU CHEF-LIEU

Cet établissement est construit sur des terrains offerts gracieusement à l'Administration provinciale par MM. Liêu-sanh-Hau, naturalisé français, ex-conseiller Colonial et Ngô-van-Nhung, ex-chef du canton de Ðinh-Phuoc. Il ne se composait en 1907 que d'un pavillon de consultation et de la salle actuelle des femmes. En 1910, furent édifiés un pavillon pour les hommes, un logement pour le médecin, un pour les sœurs infirmières, cinq pour les infirmiers,une paillotte pour les isolés, une maternité commune et diverses dépendances. Plus tard,on construisit un pavillon pour les hommes fièvreux, une maternité payante, une morgue et une lingerie. De nouvelles constructions sont en état de projet : un pavillon opératoire, une salle de sulfuration, un pavillon d'isolement et une nouvelle morgue.

Ph. Ch. Davant

Hôpital du Chef-lieu.

Entrée — A gauche, logement du Médecin.

Le personnel européen de l'hôpital comprend un médecin et deux sœurs infirmières ; le personnel indigène se compose d'un médecin auxiliaire, de quatre infirmiers, deux aides-infirmiers, trois sages-femmes, deux aides-infirmières, un secrétaire, un planton, cinq hommes de peine et six femmes de peine.

En 1922 le nombre des hospitalisations s'est élevé à 2299, celui des journées de traitement à 35 864, celui des consultants à 22.691 et celui des consultations à 45.671. La moyenne des accouchements pratiqués à la maternité est de 30 par mois.

En outre des sages-femmes assurant le service des maternités du Chef-lieu, de Thôtnôt et de Chợmới, il en existe une dans chacun des neuf villages ci-après :

Bình-ninh (Làpvò) Bình phước-xuân, Định-yên, Long-điền (Chợ-thủ), Mỹ-Luông, Tân-phú, Thoại-sơn (Núisập), Thới-thuận (Bòót) et Vĩnh-hanh.

Ph. Ch. Davant

Hôpital du Chef-lieu (Intérieur).

MATERNITÉ DE THOTNOT

Le 15 septembre 1910 a été ouverte à Thotnot, centre commercial important, une maternité construite à l'aide de fonds provenant de souscriptions recueillies par les notables. Une sage-femme y reste en permanence. Une fois par semaine, le jeudi matin, le médecin de la province visite cet établissement et donne des consultations aux habitants.

MATERNITÉ ET POSTE MÉDICAL DE CHOMOI

En 1917 une maternité a été installée à Chomoi ; elle est aménagée d'une dizaine de lits et une sage-femme y est détachée.

Un poste-médical a été construit fin 1922 et a commencé à fonctionner le 10 mars 1923. Le bâtiment, surélevé de 0 m. 80 au-dessus du sol, mesure 106 mètres carrés. Il comprend une salle de pansement, un logement pour un infirmier et une salle commune aménagée de huit lits. Ce poste médical, desservi jusqu'en novembre 1923 par deux infirmiers, vient d'être pourvu d'un médecin auxiliaire.

Ph. Ch. Davant

Poste médical de Chợmới
(vue prise au moment des inondations).

HÔPITAL DE CULAOGIÊNG

En outre de l'établissement hospitalier officiel, la province possède encore
un hôpital congréganiste tenu à Culaogieng par les sœurs de la Providence

Ph. Ch. Davant

Etablissements des Sœurs de la Providence de Culao-Gieng. (Groupes d'hospitalisés

et subventionné par le budget provincial. Cet hôpital rend de très grands services aux habitants de l'île de Culaogiêng et des cantons de Dinh-hoà et de Phong-thanh-thuong riverains du fleuve antérieur et fort éloignés du chef-lieu.

Nous parlerons plus loin de cet établissement.

Ph. Ch. Davant

Etablissements des Sœurs de la Providence de Culao-Gieng : Maternité.

LE TRÉSOR

Antérieurement à l'arrêté interministériel du 11 novembre 1905 instituant les emplois de préposés du Trésor dans les provinces, le service de Trésorerie y était assuré par des fonctionnaires appartenant au Corps des Services civils et ayant le titre de percepteurs.

C'est en 1908 que le premier agent du Trésor a été affecté à Longxuyên.

Le préposé du Trésor est chargé de toutes les opérations financières telles que recouvrement des impôts, emprunts, échanges de titres divers, centralisation de toutes les recettes de la Douane et de la Poste, paiement des mandats budgétaires de toutes sortes, des coupons de rentes sur l'Etat et du Crédit National, des pensions, etc...

Il est, en outre, Receveur-Comptable du budget provincial, responsable vis-à-vis de la Cour des Comptes à laquelle, en fin d'exercice, il est tenu de présenter son compte de gestion.

Le Trésor (au moment de l'inondation).

L'examen de quelques comptes de gestion existant dans les archives de la paierie permet de suivre la progression des recettes et des dépenses du budget de la province. Nous trouvons :

ANNÉES	RECETTES	DÉPENSES
1908.	150.134 $ 37	116.571 $ 43
1914.	218.363 82	153.614 78
1919.	277.257 24	168.603 72
1922.	287.881 94	269.057 03

À côté des chiffres ci-dessus et ne concernant que le budget de la province, nous pouvons comparer ceux constatés dans l'ensemble des opérations effectuées annuellement et qui indiquent les mouvements de fonds faits dans la paierie par le préposé du Trésor :

ANNÉES	RECETTES	DÉPENSES
1911.	708.248 $ 71	656.919 $ 99
1916.	937.132 95	889.852 46
1919.	1.207.500 14	887.079 64
1921.	1.427.512 06	1.187.079 78

Ces chiffres sont ceux arrêtés au 30 juin au compte final de la gestion.

Travaux publics

Le Service des Travaux publics est représenté dans la province par un Agent qui porte le titre de Chef de Subdivision (anciennement agent Provincial). La Subdivision dépend, en matière des travaux publics, de la Circonscription territoriale de Cochinchine — Service Ordinaire — Arrondissement de l'Ouest.

Les attributions du Chef de Subdivision sont des plus variées. En effet, le Subdivisionnaire mène de front la partie active et administrative de son service. Il est chargé, en outre, de l'entretien et des grosses réparations des routes de la province, de la préparation, de la direction et de la surveillance des travaux exécutés sur les fonds provinciaux et communaux. Il veille également à l'observation des règlements de grande et petite Voirie.

L'Enseignement

Jusqu'en août 1894, époque à laquelle fut affecté à Longxuyên le premier professeur français, l'enseignement donné dans la province ne consistait que dans l'étude des caractères chinois et du quôc-ngữ. Depuis lors quelques notions de français furent données aux élèves du cours supérieur et du cours moyen et encore, ces notions étaient-elles plutôt restreintes.

C'est à partir de 1909 que l'enseignement a reçu une vive impulsion qui n'a pas été arrêtée par la période de guerre.

La province compte actuellement une école provinciale, deux écoles primaires de plein exercice, sept écoles cantonales et trente-huit écoles communales, auxquelles il faut ajouter dix-sept écoles congréganistes. Le nombre des enfants fréquentant ces écoles est de 4.976 élèves dont 3.966 pour les écoles officielles et 1010 pour les écoles libres.

Le groupe scolaire le plus important est celui du chef-lieu qui comprend une école primaire à 5 classes (219 élèves), une école élémentaire à 10 classes (386 élèves), une école de filles à 4 classes (101 élèves) et deux écoles annexes (252 élèves) soit au total 958 élèves.

Les écoles de l'intérieur se répartissent entre huit cantons ayant chacun une école cantonale et plusieurs écoles communales. Deux écoles cantonales ont été élevées au rang d'écoles primaires de plein exercice ; ce sont les écoles des Chợmới (canton de Định-hòa) et de Thôtnôt (canton de Đị-mỹ) comptant respectivement 118 et 127 élèves. Parmi les écoles cantonales proprement dites il faut citer : dans le (canton d'An-binh les écoles de Mỹ-chánh (186 élèves et de Tân-đức A (107 élèves) dans le canton de Định-thành, l'école de Bình-thủy (137 élèves) — dans le canton de Định-phú, l'école de Núi-sập (98 élèves) — dans le canton de Định-phước l'école annexe de Cái-sơn (146 élèves) — dans le canton de Phong-thanh-thuong l'école de Tân-phu (88 élèves) — dans le canton d'An-phú, l'école de Định yên (70 élèves.)

Les écoles communales se répartissent de la façon suivante :

<table>
<tr><td colspan="2">Canton d'An-binh</td><td colspan="2">Canton de d'An-phú :</td></tr>
<tr><td>Ecole de Tân-đức B.</td><td>(96 élèves)</td><td>Ecole de Binh-ninh</td><td>(98 élèves)</td></tr>
<tr><td>— Mỹ-hưng</td><td>(46 —)</td><td>— An-hòa</td><td>(72 —)</td></tr>
<tr><td>— Phú-xuân</td><td>(42 —)</td><td>— Thanh-bình</td><td>(36 —)</td></tr>
<tr><td>— Binh-đức-đông</td><td>(65 —)</td><td>— Lâp-vò</td><td>(22 —)</td></tr>
</table>

<table>
<tr><td colspan="2">Canton de Định-Mỹ :</td><td colspan="2">Canton de Định-phú :</td></tr>
<tr><td>Ecole de Thanh-hòa trung-nhi</td><td>(64 élèv.)</td><td>Ecole de Phú-nhuận</td><td>(22 élèves)</td></tr>
<tr><td>— Thanh-hòa trung-nhì B</td><td>(78 —)</td><td>— Vĩnh-trạch</td><td>(48 —)</td></tr>
<tr><td>— Tân-lộc-đông</td><td>(27 —)</td><td>— Định-mỹ</td><td>(32 —)</td></tr>
<tr><td>— Tân-thuận-đông</td><td>(37 —)</td><td></td><td></td></tr>
<tr><td>— Thới-thuận</td><td>(25 —)</td><td></td><td></td></tr>
</table>

<table>
<tr><td colspan="2">Canton de Định-thành ;</td><td colspan="2">Canton de Định-phước :</td></tr>
<tr><td>Ecole de Binh-hòa</td><td>(101 élèves)</td><td>Ecole de Mỹ-thanh</td><td>(47 élèves)</td></tr>
<tr><td>— Mỹ-hòa-hưng</td><td>(75 —)</td><td>— Vĩnh-trinh</td><td>(30 —)</td></tr>
<tr><td>— Vĩnh-hanh</td><td>(48 —)</td><td>— Phú-hòa</td><td>(23 —)</td></tr>
<tr><td>— Cầu-đăng</td><td>(36 —)</td><td>— Vĩnh-chánh</td><td>(32 —)</td></tr>
</table>

<table>
<tr><td colspan="2">Canton de Định-hòa :</td><td colspan="2">Canton de Phong-thạnh-thượng :</td></tr>
<tr><td>Ecole de Kiên-an</td><td>(34 élèves)</td><td>Ecole de Binh-thành</td><td>(36 élèves)</td></tr>
<tr><td>— Long-kiên-A</td><td>(55 —)</td><td>— An-phong</td><td>(54 —)</td></tr>
<tr><td>— Long-kiên-B</td><td>(84 —)</td><td>— An-phú</td><td>(20 —)</td></tr>
<tr><td>— Mỹ-hòa</td><td>(55 —)</td><td>— An-thành</td><td>(21 —)</td></tr>
<tr><td>— Mỹ-luông</td><td>(68 —)</td><td>— Tân-thạnh</td><td>(131 —)</td></tr>
<tr><td>— Mỹ-hôi-dông</td><td>(42 —)</td><td></td><td></td></tr>
<tr><td>— Chợ-thủ</td><td>(146 —)</td><td></td><td></td></tr>
<tr><td>— Nhơn-an</td><td>(83 —)</td><td></td><td></td></tr>
</table>

Personnel. — Le service de l'enseignement dans la province est confié à un professeur français qui assure la direction du Groupe scolaire du Chef-lieu et l'inspection des écoles de l'intérieur. Une institutrice française dirige l'école laïque des jeunes filles.

L'enseignement est donné par des maîtres indigènes comprenant des instituteurs primaires, des moniteurs et des instituteurs communaux. Les premiers au nombre de 12, constituent l'élite de l'enseignement indigène de la province. Ils sont recrutés en général dans les écoles normales d'instituteurs ou parmi les jeunes gens titulaires du diplôme de fin d'études complémentaires ou du brevet de capacité. C'est aux instituteurs primaires que sont confiés es postes les plus importants. Toutes les classes de l'école primaire ainsi que les écoles primaires de plein exercice et la plupart des écoles cantonales ont à leur tête un instituteur primaire. En l'absence d'instituteurs primaires, on a recours aux moniteurs et aux instituteurs communaux qui constituent le cadre subalterne du personnel enseignant indigène. Les capacités des moniteurs se bornent au certificat d'études primaires et les instituteurs communaux doivent seulement justifier qu'ils ont été élèves d'un cours supérieur et satisfaire à un examen portant sur le programme du cours moyen.

Vingt-quatre moniteurs et 59 instituteurs communaux comptent à l'effectif du personnel enseignant indigène de la province. En dépit de leurs connaissances très rudimentaires, ces maîtres obtiennent des résultats appréciables grâce aux directions pédagogiques qu'ils reçoivent et au contrôle constant que l'on exerce sur leur enseignement.

Etudes. — Les études sont orientées dans un sens pratique ; on fait appel à l'esprit d'observation de l'enfant et l'on s'efforce de développer le goût de la culture et de l'industrie locale. Une école où l'on apprend le tissage de la soie a déjà été créée avec succès à Chợmới. Une attention particulière est apportée à l'enseignement du dessin et de ses principales applications et l'école du Chef-lieu va être pourvue incessamment d'un maître spécialisé dans cette matière. L'éducation morale, l'éducation physique et l'hygiène sont enseignées suivant les programmes officiels et d'après les méthodes les plus modernes. Le travail des maîtres et des élèves est facilité par l'emploi de livres et de publications de plus en plus adaptés à l'enseignement des indigènes et toutes les écoles en sont aujourd'hui pourvues. La majorité des élèves dont la destinée est de rester attachés à la vie des champs se bornent aux connaissances acquises dans les écoles élémentaires où l'enseignement est donné en langue indigène. Les écoliers désireux de franchir le 1er degré d'enseignement sont instruits exclusivement au moyen de la langue française et leurs études sont poussées jusqu'au certificat d'études primaires. Seule l'école primaire du Chef-lieu prépare actuellement à cet examen auquel sont candidats chaque année une cinquantaine d'élèves ; il est probable que bientôt les écoles primaires de plein exercice de Thốtnốt et Chợmới prépareront également au certificat d'études primaires.

Locaux et Matériel Scolaires. — L'extension donnée à l'enseignement dans la province de Longxuyên a été marquée par la création de nombreuses écoles pourvues d'un matériel scolaire confortable et suffisant. Outre l'école provinciale, la province possède actuellement 27 écoles en maçonnerie, 5 en bois recouvertes de tuiles, 11 en paillottes, 8 sont encore dans les maisons communes et les pagodes. Des constructions nouvelles et des agrandissements sont prévus et ne tarderont pas à entrer dans le voie des réalisations. Dans la plupart des écoles les instituteurs trouvent un logement convenable, et les élèves des salles spacieuses, bien aérées et bien éclairées.

LES DOUANES ET RÉGIES

La Recette subordonnée de Longxuyên est ouverte à la perception des taxes de consommation et de circulation. Elle procède à la vente des produits de régie et est chargée du contrôle de la navigation.

Les alcools vendus dans la province proviennent de la distillerie de Thôtnôt, de la Société française des distilleries et du Cambodge.

Les relations de la recette subordonnée avec la Société française des distilleries consistent à recevoir l'alcool dans un dépôt fourni par l'Administration des Douanes et à contrôler l'expédition qui en est faite aux divers marchands en gros de la province.

Les recettes effectuées en 1922 ont été de 67.217 $ 58 pour l'alcool. 129.483 $ 90 pour l'opium, 955 $ 20 pour le tabac et 466 $ 32 pour le sel.

Deux agents européens du service actif sont affectés plus spécialement à la repression de la contrebande. Cette surveil ance est organisée de façon qu'il y ait toujours un agent en tournée.

LA GENDARMERIE

La brigade de Longxuyên a été formée le 24 janvier 1900 : elle comprenait un brigadier et un gendarme. Depuis lors, il y a eu maintes modifications. A l'heure actuel e il existe deux gendarmes dont le plus ancien est chef de poste.

En vertu de l'arrêté du 31 décembre 1899, le Chef de brigade ou le Chef de poste est chargé des fonctions de Commissaire de police : une indemnité mensue le de 30 $ 00 lui est accordée à cet effet.

Le second gendarme est chargé de l'instruction des gardes civils et reçoit une indemnité mensuelle de 30 $ 00.

Ph. Ch. Davaut

La Gendarmerie de Longxuyên
(au moment de l'inondation).

GARDE CIVILE LOCALE

L'effectif actuel de la Garde civile comprend : 1 quản, 3 phó-quản, 7 đội, 21 cai, 24 bêp et 29 lính, soit un total de 85 hommes au lieu de 90, comme le prévoit l'arrêté du 7 mai 1919.

Il existe onze postes de garde civile dans l'intérieur de la province : Thôt-nôt, Chợmới, Núisập; Mặc-cần-Dưng, Lâp-Vò, Barang, Thạch-Phú, Tân-thuận-Đông, Vĩnh-Trạnh, Cần-Dăng et Vọng-Thê.

SERVICE PÉNITENTIAIRE

L'effectif comprend : 1 surveillant-chef principal, 1 surveillant-chef, 5 surveillants et 1 surveillant auxiliaire, soit un total de 8 hommes, chiffre prévu par l'arrêté du 30 novembre 1910.

LES POSTES ET TÉLÉGRAPHES

Il existe dans la province six bureaux :
Celui du chef lieu et ceux de:

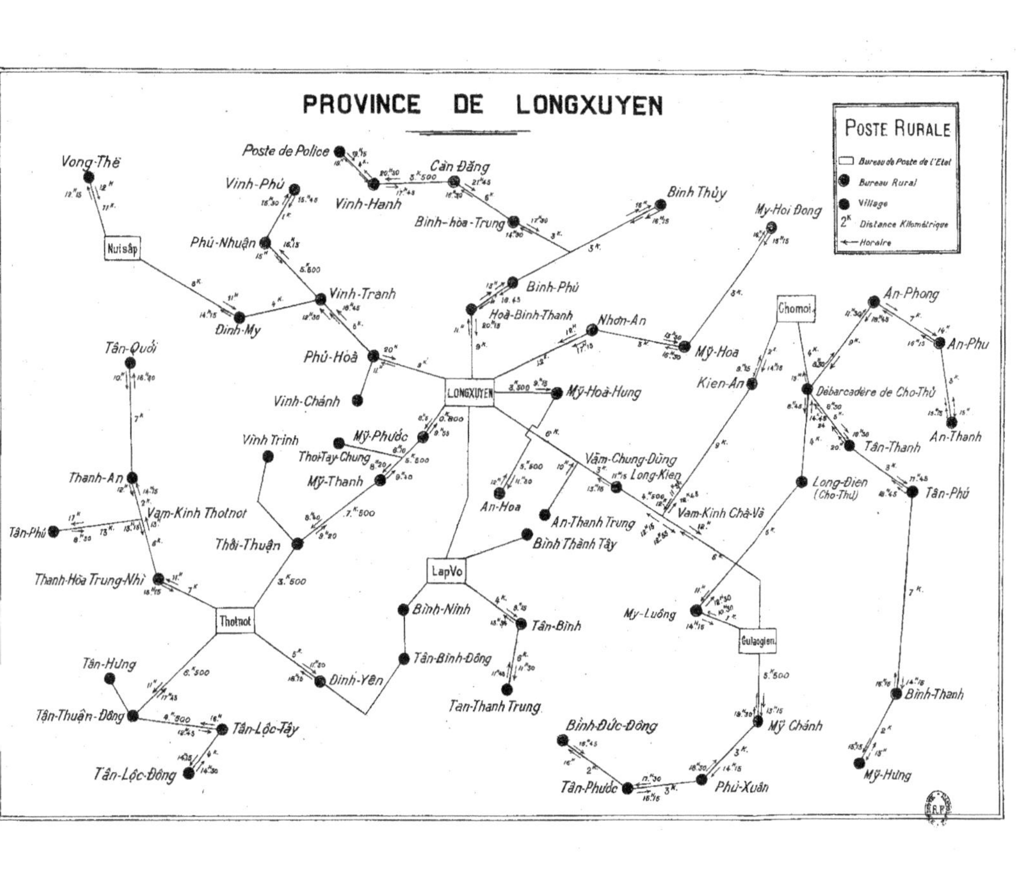

PROVINCE DE LONGXUYEN
Poste Rurale
Bureau de Poste de l'Etat
Bureau Rural
Village
Distance Kilométrique
Horaire
Vong-Thë
Poste de Police
Cần Đăng
Bình Thủy
My-Hoi Đong
Vinh-Phú
Vinh-Hanh
Bình-hòa-Trung
An-Phong
Phú-Nhuận
Chomoi
An-Phu
Nui sập
Vinh-Tranh
Bình-Phú
Hoà-Bình-Thanh
Nhơn-An
Débarcadère de Cho-Thủ
Đinh-My
Mỹ-Hoa
An-Thanh
Tân-Quới
Phú-Hoà
Kien-An
Tân-Thanh
Vinh-Chánh
LONGXUYEN
Mỹ-Hoà-Hung
Tân-Phú
Mỹ-Phước
Long-Đien
(Cho-Thủ)
Vinh Trinh
Thoi Tay Chung
Vàm-Chung-Dùng
Thanh-An
Mỹ-Thanh
Long-Kien
Vam-Kinh Thotnot
An-Hoa
Vam-Kinh Chà-Và
Tân-Phú
An-Thanh Trung
Thời-Thuận
Bình Thành Tây
My-Luống
Thanh-Hòa Trung-Nhì
LapVo
Gulaogien.
Thotnot
Bình-Ninh
Tân-Bình
Tân-Hưng
Tân-Bình-Đông
Bình-Thanh
Tận-Thuận-Đông
Đinh-Yên
Tân-Lộc-Tây
Tan-Thanh Trung
Tân-Lộc-Đông
Bình-Đức-Đồng
Mỹ Chánh
Mỹ-Hưng
Tân-Phước
Phú-Xuân

Ph. Ch. Davant

Le bureau des Postes et Télégraphes de Longxuyên.
Logement du Receveur.

Cùlaògiêng : service complet depuis le 1er août 1909.

Thôtnôt : — 1er octobre 1917.

Núi-Sập : service limité depuis le 16 octobre 1923.

Chợmới : ouvert le 16 août 1912.

Lâpvò : —

25 facteurs ruraux assurent le transport et la distribution des correspondances dans l'intérieur.

Nous donnons ci-après, par ordre alphabétique, la liste des localités et agglomérations de la province avec indication :

1o — du bureau de poste qui dessert chacune d'elles :

2o — de la distance qui les sépare de ce bureau.

NOMS DES LOCALITÉS ET AGGLOMÉRATIONS	BUREAU DESSERVANT CES LOCALITÉS ET AGGLOMÉRATIONS	DISTANCE DU BUREAU
		k
An-hoà	Bureau central	5.500
An-phong.	Bureau secondaire de Chợmới. .	13.000
An-phú	— . .	20.000
An thành.	— . .	23.000
An-thạnh-trung	Bureau central	12.000
Bình đức (Chef-lieu)	—	0.300
Bình-hoà	—	13.000
Bình-ninh (marché de Lâpvò). .	Bureau secondaire de Lâpvò . .	0.100

NOMS DES LOCALITÉS ET AGGLOMÉRATIONS	BUREAU DESSERVANT CES LOCALITÉS ET AGGLOMÉRATIONS	DISTANCE DU BUREAU
		k
Bình-phước-xuân	— Cùlaogiêng	13.500
Bình-thành	— Chợmới	19.000
Bình-thành-tây	— Lấpvò	0.200
Bình-thủy	Bureau central	17.000
Cần-đăng	—	15.000
Định-mỹ	Bureau secondaire de Núisập	8.000
Định-yên	— Lấpvò	7.500
Hoà-bình-thạnh	Bureau central	9.000
Kiến-an	Bureau secondaire de Chợmới	2.000
Long-diền (marché de Chợmới)	—	0.200
Long-kiến	—	11.000
Mỹ-chánh (marché)	— Cùlaogiêng	5.500
Mỹ-hoà	Bureau central	15.000
Mỹ-hoà-hưng	—	3.500
Mỹ-hội-Đông	—	18.000
Mỹ-hưng	Bureau secondaire de Cùlaogiêng	10.500
Mỹ luống (marché de Cả-tình)	— Chợmới	13.000
Mỹ-phước (marché Chef-lieu	Bureau central	0.800
Mỹ-thạnh	—	5.500
Nhơn-an	—	12.000
Phú-nhuận	—	20.000
Phú-hoà	—	9.000
Tân-bình	Bureau secondaire de Lấpvò	6.000
Tân-bình-đông	— Lấpvò	6.000
Tân-đức (marché de Cùlaogiêng)	— Cùlaogiêng	0.200
Tân hưng	— Thôtnôt	10.000
Tân-lộc-đông	— Thôtnôt	15.000
Tân-lộc-tây	— Thôtnôt	11.000
Tân-phú	— de Chợmới	12.000
Tân-thạnh	— de Chợmới	9.000
Tân-thạnh-trung	— Lấpvò	10.000
Tân-thạnh-đông	— Thôtnôt	6.500
Thạnh-an	— Thôtnôt	15.000
Thạnh-hoà-trung-nhì	— Thôtnôt	7.000
Thạnh-hoà-trung-nhứt	— Thôtnôt	0.200
Thạnh-phú	— Thôtnôt	26.000
Thạnh-quới	— Thôtnôt	23.000
Thoại-son (marché de Núisập)	— Núisập	0.010
Thới-tây-trung	Bureau central	7.500
Thớ-thuận	—	13.000
Vĩnh-chánh	—	12.000
Vĩnh-hanh	—	23.000
Vĩnh-phú	—	21.000
Vĩnh-trạch	—	14.000
Vĩnh trinh	—	9.000
Vọng-thê	Bureau secondaire de Núisập	11.000

CHAPITRE V

LES DÉLÉGATIONS

I. — DÉLÉGATION DU CHEF-LIEU

La Délégation du Chef-lieu comprend 3 cantons : Định-phú, Định-phước et Định-thành et 19 villages.

La maison commune de Bình-Đức

(chef-lieu).

Les deux plus importants de ces villages, Bình-đức et Mỹ-phước, forment le Chef-lieu. Séparés par le rach Longxuyên, ils sont reliés entre eux par le pont « Henry ».

C'est à Bình-đức que se trouvent les logements des Européens et les différents services, à l'exception de la Douane qui est située à Mỹ-phước, sur la rive droite du rach Longxuyên.

Pagode de Mỹ-Phước
(Chef-lieu).

Le commerce est concentré à Mỹ-phước où sont installés des magasins et des épiceries tenus par des chinois et assez bien achalandés.

La maison commune de Mỹ-Phước.

Le marché, bien que pauvrement approvisionné, suffit néanmoins aux besoins de la population européenne. On y vend de la viande de bœuf trois fois par semaine, de la viande de mouton ou de veau alternativement tous les dimanches et du porc tous les jours. On y trouve également des poulets, des canards, quelques pigeons, du poisson d'assez bonne qualité, des crevettes, quelquefois des crabes et enfin quelques légumes verts: haricots, aubergines, concombres. Comme fruits il y a des bananes, des oranges, des pamplemousses, des ananas, des mangues, quelques sapotilles.

Ph. Ch. Duvant

Le Marché de Mỹ-Phước.
(Chef-lieu).

LE BUNGALOW

A une trentaine de mètres du grand appontement des Messageries fluviales, à droite en débarquant, se trouve le bungalow, composé de deux bâtiments.

Un garage pour autos est mis gracieusement à la disposition des voyageurs et dès touristes.

Le bâtiment principal comprend quatre chambres à coucher et une vaste salle à manger. Le second bâtiment sert de logement au gérant de l'établissement.

Ph. Ch. Davant

Le Bungalow.

Tarif des chambres :

Chambre à un lit, par jour . . . . 1 $ 5o
Chambre à deux lits, par jour . . . . 2 oo

Tarif des repas :

Le mois-pension avec glace et vin. . . . . 5o oo
Le mois-avec petit déjeuner le matin. . . . . 55 oo

(Le petit déjeuner se compose d'une tasse de chocolat, de
café ou de lait avec pain et beurre).

Le demi-pension comprenant soit tous les déjeuners, soit
tous les dîners d'un mois, avec glace et vin . . . . 33 oo
   15 jours avec vin et glace . . . . 33 oo
La journée avec vin et glace, sans le petit déjeuner. . . . . 3 oo
La journée avec les trois repas. 3 5o
Le repas avec vin et glace 1 65
Le petit déjeuner seul. . . . . o 5o

Les enfants âgés de moins de 7 ans paient moitié prix pour tous les repas.
Le gérant du bungalow est tenu de fournir la glace suffisante aux besoins du poste.

Il reçoit du Service régional une subvention mensuelle de cent cinquante piastres.

CERCLE BIBLIOTHÈQUE

A quelques mètres du Bungalow, sur le bord du Bassac, se trouve le Cercle-Bibliothèque. Les Européens s'y rendent tous les soirs vers 6 heures, les uns pour lire, les autres pour faire leur partie de bridge, de manille ou de piquet.

SYNDICAT PROFESSIONNEL AGRICOLE

Caisse de crédit agricole mutuel

Depuis 1918, il existe à Longxuyên un Syndicat professionnel agricole. Ce syndicat a fondé, sous la dénomination de « Ca sse de Crédit Agricole Mutuel de Longxuyên » une Société de Crédit à capital variable et à responsabilité solidaire illimitée entre les membres de ladite Caisse. Le capital nécessaire au fonctionnement de la Société est constitué par des parts de sociétaires. Le montant de chaque part est de 10 piastres. La Caisse, au moyen de fonds avancés par la Banque de l'Indochine, consent à ses membres des prêts à longs termes sur nantissement de propriété, au taux de 10 p. %.

Une commission composée du payeur de la province et de deux colons européens est chargée de veiller à l'exécution des statuts et réglements de la caisse et à la régularité des opérations effectuées par elle (A. G du 24 août 1918).

Organisée vers le mois de juillet 1918, la « Caisse de Crédit Agricole Mutuel » a commencé ses opérations vers le mois de novembre. Ci-après sa situation au 31 décembre 1922 :

Nombre de membres adhérents.	551
— parts souscrits.	1.627
Prêts consentis.	214 342 $ 00
Bénéfice réalisé au profit de la Caisse.	6.241 36

MONT-DE-PIÉTÉ

Le Mont-de-piété de Longxuyên est exploité par MM. Ogliastro, Hui Bon Hoa et Cie.

Il est placé sous la surveillance de l'Administrateur ; le comptable de la province ou l'Administrateur-adjoint est chargé des fonctions de contrôleur.

Il est ouvert au public :
le matin de 8 heures à 11 heures ;
le soir de 14 heures à 18 heures.

L'établissement est assuré contre l'incendie pour une somme de 200.000 $ 00.

Nous donnons ci-après pour ces trois dernières années, le chiffre des affaires et le montant des intérêts perçus :

	CHIFFRE DES AFFAIRES	INTÉRÊTS PERÇUS
1920.	402.132 $ 60	25.316 $ 20
1921.	529.439 07	24.906 57
1922.	767.044 55	34.572 05

L'EGLISE

A My-phuoc, à proximité de la Douane, se trouve l'Eglise du Chef-lieu. Elle est desservie tantôt par le Père européen de Nang-gù, tantôt par son vicaire indigène Toutefois, les jours de grandes fêtes, le Père Européen se fait un agréable devoir de venir célébrer lui-même les cérémonies.

II — DÉLÉGATION DE THÔTNÔT

La Circonscription de Thôtnôt, créée en 1909, tire son nom du centre de Thôtnôt (禿 磧) qui était, à l'origine, une agglomération cambodgienne. Le nom « Thôtnôt », prononciation dénaturée, vient des mots cambodgiens « Srok Nok » (ស្រុកនោក) qui signifient « pays de l'ancien mandarin ».

Autrefois, pour désigner cette localité, les Annamites disaient — et certains le disent encore — « Thôc-nôc », prononciation plus voisine de la prononciation cambodgienne. C'est la transcription de ces mots en caractères chinois, qui donne la prononciation actuelle.

Limites. — La Circonscription est bornée :

Au Nord, par les cantons de Dinh-phu, Dinh-phuoc et Dinh-hoà (province de Longxuyên ;
A l'Est, par la province de Sadec ;
Au Sud-Est, par la province de Cantho ;
et au Sud-Ouest, par la province de Rachgia.

Thôtnôt est à 19 km. de Longxuyên, 23 km. d'Omôn et 44 km. de Cantho.
La superficie de la Circonscription est évaluée à 634 kilomètres carrés.
Sa population est, d'après le recensement de 1921, de 61.600 habitants.

Cours d'eau. — Sauf les villages de Thạnh-phú et Thạnh-quới, la circonscription est très bien partagée au point de vue cours d'eau.

Elle est traversée par le Bassac et arrosée, à droite, par le rach Thôtnôt et, à gauche, par le rach Lâpvò, qui sont les deux artères des cantons de Định-mỹ et d'An-phú.

En dehors de ces trois principales voies, la région est sillonnée par d'innombrables arroyos dont les principaux sont :

a) *Affluents du Bassac* :

A droite :

Les rach Cái-sảng, Bòót, Trà-uòi, Cái-ngải, Bít-vàm, Cân-thơ-bé, Cáikè, Tham-Rôn, Bắc-vàng.

A gauche :

Les rach Chân-pha, Cái-dòi, Cái-gia, Trường-tiên, Cái-dầu.

b) *Affluents du rach Thôtnôt* :

A droite :

Les rach Trà-ninh, Bà-đa, Bà-gừa, et Ông-thụ qui se réunissent pour se jeter dans le Thôtnôt ; les rạch Sa-mau, Bắc đuông, Trà cuồi.

A gauche :

Les rach Láng-sen, Su-công, Rạch-rít, Trà-bai.

c) *Affluents du rach Lâpvò* :

A droite :

Les rach Cái-tàu, Thông-lưu.

A gauche :

Le petit Lâpvò

Canaux. — Les principaux canaux sont :

1o — Le canal de Thôtnôt à Cáibé (Rachgia) (largeur 32 mètres, profondeur 5 mètres) ;

2o — Le canal Bassac-Rachsoi, ouvert à la circulation depuis le 24 septembre 1923 (largeur 28 mètres, profondeur 6 mètres) ;

3o — Le canal de Lâpvò, creusé en 1907 et mettant en communication les rach Lâpvò et Sađec (largeur 36 mètres, profondeur 5 mètres).

Outre ces trois canaux navigables aux chaloupes, il existe quatre petits canaux d'irrigation, creusés à main d homme. Ce sont :

1⁰ — Le canal Bá-chiêu qui relie le rach Lai-sau au rach Boot (longueur 9 km. largeur 13 m. profondeur 2 m 10) ;

2⁰ — Le canal de Tham-rôn qui met en communication le rach Tham-rôn et le canal de Thôtnôt (longueur 20 km. largeur 12 m. profondeur 2 m 5b) ;

3⁰ — Le canal de Cantho à Thôtnôt qui n'est qu'une chambre d'emprunt dont les déblais ont servi à la construction de la route de Cantho (largeur 8 m. profondeur 1 m 80) ;

4⁰ — Le canal de chasse de Lâpvò (largeur 22 m. profondeur 1 m 80).

Ces quatre derniers canaux, très envasés et encombrés de Luc-binh, ne sont navigables qu'aux barques de moyenne grandeur.

Routes. — *Route locale n⁰ 8*, partant du Vàm-Công en ligne droite jusqu'à Lâpvò et longeant le canal de Lâpvò jusqu'à Sadec. Cette route est en cours de construction et sera probablement achevée l'année prochaine.

Route provinciale n⁰ 39 de Cantho à Longxuyên.

Routes communales :

1⁰ — de Thôtnôt à Thạnh-hòa-trung-nhì (12 km), en terrassement, automobilable en saison sèche ;

2⁰ — Route de Lâpvò à Tân-Binh ;

3⁰ — Route de Định-Yên au Vàm-Công.

Ces deux dernières routes, faites en terrassements par les propriétaires riverains, ne sont pas carrossables

DIVISIONS ADMINISTRATIVES

La circonscription de Thôtnôt se compose de deux cantons, Định-Mỹ et An-Phú situés, le premier sur la rive droite, le second sur la rive gauche du Bassac. Ces deux cantons comprennent 17 villages dont les principaux sont Thạnh-hòa-trung-nhứt (canton de Định-Mỹ), Binh-Ninh et Định-Yên (canton d'An-Phú).

Thạnh-hòa-trung-nhứt. — 盛 和 中 壹 C'est dans ce village que se trouve situé l'important centre de Thôtnôt.

Marché, poste administratif, bureau de postes et télégraphes, bureau de douanes, écoles de garçons et de filles, maternité, belle maison commune, pagode communale, poste de garde civile, pont sur le rach Thôtnôt, distillerie.

Les chaloupes des Messageries fluviales et les chaloupes chinoises et malaises faisant le service entre Chaudôc et Đại-ngài, font escale à Thôtnôt.

Les automobiles faisant le service Cantho-Longxuyên passent également par Thôtnôt.

Ph. Gh. Davant

La maison commune de Thôt-nôt.

D'autre part, 4 autos de Thôtnôt font la navette entre cette localité et Longxuyên.

Le marché de Thôtnôt dont le fermage annuel est de 2850 piastres est assez bien approvisionné. Les indigènes y trouvent tout ce dont ils ont besoin au point de vue nourriture et habillement. Plusieurs boutiques chinoises débitent du vin, des liqueurs et des conserves alimentaires.

Bình-ninh 平寧. — Le village de Bình-ninh (Lâpvò) 岦圩 était un « âp » du village de Bình-thành-tây qui portait le nom de « TANG-ĐIEN » En 1870, ce « âp » a été détaché de Bình-thành-tây pour former un village autonome qui a pris le nom de Bình-ninh.

La maison commune, située presqu'en face de celle de Bình-thành-tây, est à 12 km. du Chef-lieu.

Le village de Bình-ninh renferme la plus grande partie du centre de « LÂPVÒ ».

Marché, poste de gendarmerie, école cantonale, bureau de postes et télégraphes, pagode communale, résidence du sous-chef de canton d'An-phú, poste de sage-femme

Les chaloupes des « Messageries fluviales » et les chaloupes chinoises faisant le service Mytho-Rachgia desservent « LÂPVÒ ».

Ph. Ch. Davant

Le marché de Lâp-vò.

On peut donc se rendre de Longxuyên à Lâpvò en empruntant cette voie ; on pourra également s'y rendre bientôt par la route locale n° 8 qui est en voie d'achèvement.

Định-Yên 定 安 定 安 Định-Yên est le village le plus important du canton d'An-Phú. Sa maison commune est située à 15 kilomètres du Chef-lieu ; on peut y arriver en chaloupe. Sa pagode est la plus belle de toutes celles de la province.

Résidence du Chef de canton, école cantonale, poste de sage-femme.

Historique

La région de Thôtnôt, dont la mise en valeur est relativement récente, n'a pas vu d'évènements politiques dignes d'être retenus.

La tradition locale attribue le nom du rach Truong-tiên (Trường = fonderie ; Tiên = sapèque) situé au village d'An-Hoà, à ce fait que le Roi Gia-Long, poursuivi par les Tây-Sơn, campa, au cours de sa retraite, au bord du rach en question et y établit une fonderie de sapèques (Trường-tiên) pour les dépenses de son armée.

L'emplacement de cette fonderie serait près de la pagode communale actuelle.

Dans le « Nam-kỳ địa dư chí » 南 圻 地 輿 誌 Géographie de la Cochinchine, l'étymologie du nom de ce rach est donnée comme suit : Tiên-trường-Giang tại Hậu-Giang 錢 場 江 在 後 江 đông ngạn. Cựu hữu quan cư Ba-thắc-tiền chi xưởng cô danh 東 岸 舊 有 官 鑄 波 武 錢 之 廠 故 名. Ce qui veut dire le rạch Trường-tiên est situé sur la rive orientale du Fleuve postérieur. Jadis, il y eut un mandarin qui y créa une *fonderie de sapèques* de Ba-thắc (Bassac) d'où son nom.

RECETTE AUXILIAIRE DE LA DOUANE

Le personnel de la recette auxiliaire de Thôtnôt comprend : le receveur, un brigadier indigène faisant fonctions de secrétaire et un garde.

Les recettes provenant de la vente de l'opium ont été de :

$$
\begin{array}{lll}
28.426 \$ 80 & \text{en} & 1918 \\
30.346 \ 95 & \text{en} & 1919 \\
33.573 \ 90 & \text{en} & 1920 \\
39\ 267 \ 45 & \text{en} & 1921 \\
38\ 323 \ 95 & \text{en} & 1922 \\
\end{array}
$$

Le receveur auxiliaire prend en charge, journellement, les recettes du bureau des Postes et Télégraphes de la localité. Le montant de ces recettes est assez important. comme l'on peut en juger ci-après :

$$
\begin{array}{lll}
33.550 \$ 00 & \text{en} & 1918 \\
40.150 \ 00 & \text{en} & 1919 \\
38.350 \ 00 & \text{en} & 1920. \\
77\ 650 \ 00 & \text{en} & 1921 \\
77\ 100 \ 00 & \text{en} & 1922 \\
\end{array}
$$

DISTILLERIE

La distillerie de Thôtnôt date de 1893. Elle a pour propriétaire le sieur Vương-Thiệu.

Nombre de fourneaux 12
Nombre d'alambics 24
Nombre de bouilleurs 12
Nombre de chauffes par jour 4
Quantités de matières premières employées journellement
(moitié riz et moitié nêp) . . . . 1440 kilos
Sucre de palme . . . . 360 —
Production journalière (riz et nêp) 950 litres rendement. 26.56 %
Production journalière (mélasse) 345 litres rendement 40.06 %
Taxe de consommation payée journellement . . . . 158 $ 07

Taxe de consommation payée à l'Administration durant
les 5 dernières années :

ANNÉES	LIQUIDE (PRODUCTION EN LITRES)	ALCOOL PUR	QUOTITÉ DE LA TAXE	DROITS LIQUIDÉS
	litres	litres	piastres	piastres
1918.	450.702	181.195.76	0.30	54.358.95
1919.	444.733	178.786.50	0.30	53.636.03
1920.	407.580	163.628.71	0.30	49.088.70
1921.	600.248	242.070.05	0.30	72.621.10
1922.	554.806	224.057.53	0.30	67.217.58

III — DÉLÉGATION DE CHOMOI.

La délégation de Chợmới est formée de trois cantons: An-binh, Đinh-
hoà et Phong-thạnh-thượng, qui comprennent 18 villages dont les principaux sont Long-điền, Kiên-an, Mỹ-chánh, Tân-thạnh et Tân-đức.

Ph. Ch. Davant

Délégation de Chợ-mới.

Ph. Ch. Davant

Marché de Chợ-mới.

Long-điền (隆田). — C'est dans ce village que se trouve situé le centre de Chợmới et le marché de Chợ-thủ.

Chợmới (𥱬買). — Poste administratif, bureau de postes et télégraphes, école primaire de plein exercice, poste médical desservi par un médecin

Ph. Ch. Davant

Pagode de Chợ-mới.

auxiliaire et deux infirmiers, maternité, station séricicole, poste de garde civile, marché.

Les chaloupes annamites qui font le service Longxuyên-Tânchâu (Chaudoc) font escale à Chợmới à l'aller et au retour.

Station séricicole de Chợ-mới.

La route nº 8 relie Chợmới à Cái-tàu-thượng (Sadec).

Chợ-thủ (幣 首). — Marché, maison commune, école communale, poste de sage-femme.

Kiên-an (建 安). — Maison commune, école communale, pagode élevée à la mémoire du Chuong-binh Lê tué au combat de Củ-hủ.

Mỹ-chánh (美 政). — Marché, école cantonale.

Tân-thạnh (新 盛). — Maison commune, marché. école communale, pagode élevée à la mémoire du Đôc-binh Vang. tué au combat de Củ-hủ.

Tân-Đức (Cùlaogiêng) 進 德. — Marché. école cantonale, bureau de postes et télégraphes. Lieu de naissance du Đôi Lộc (Tổng-Đốc Lộc) grand et fidèle serviteur de la France.

C'est à Tân-Đức que se trouvent les établissements des Pères de la Mission du Cambodge et des Sœurs de la Providence. Nous nous faisons un devoir de consacrer un chapitre spécial à ces établissements.

LES ÉTABLISSEMENTS DE CULAOGIENG

En 1872, la Mission a fondé à Cûlaogiêng un séminaire qui jusqu'en 1917 était l'unique séminaire de la Mission et comportait, outre les cours de latinité, les cours de philosophie et de théologie. Actuellement il n'est plus que petit séminaire où 84 élèves font leurs études secondaires:

Ph. Ch. Davant

Séminaire de Culao-Gieng.

Cour intérieure du Séminaire de Culao-Giêng.

A côté du Séminaire, se trouve l'établissement principal des Sœurs de la Providence du Cambodge, fondé en janvier 1876, lors de l'arrivée des premières Sœurs de France.

Les Sœurs commencèrent par fonder une crèche et un orphelinat. Dès 1879, elles construisirent un hôpital-hospice pour tous les infirmes sans distinction de sexe, de race ou de confession et en 1880 elles établirent un noviciat pour former des sœurs indigènes. Ce noviciat est alimenté par les filles de bonnes familles chrétiennes de la Mission.

Ph. Ch. Davant

Etablissements des Sœurs de la Providence de Culao Gieng.
(Jardin — Grotte de Lourdes).

Suivant le compte-rendu de l'année en cours, l'orphelinat, avec la crèche, compte actuellement 413 enfants : l'hospice héberge 70 hommes et 166 femmes ; le noviciat comprend 62 novices ou postulantes. Dans le courant de l'année 1922, il a été enregistré 602 accouchements à la maternité. Le total du personnel de l'établissement, maîtresses comprises, est habituellement de 7 à 800 personnes.

L'orphelinat proprement dit comporte 3 sections de filles : la salle d'asile, l'école primaire et la section des grandes dont le chiffre oscille entre 160 et 190. L'établissement donne à ces filles une éducation de vie pratique ; elles passent par tous les services de la maison : cuisine, buanderie, repassage, couture, etc...

Pour occuper celles des grandes filles qui ne sont pas de semaine dans les divers emplois, les sœurs ont créé un ouvroir où les enfants passent près de cinq heures de la journée : le matin de 9 h 00 à 11 h 30, le soir de 2 h 00 à 4 h 15. Les unes tissent de la soie, du crépon, du tussor ; d'autres filent la bourre, dévident les écheveaux de soie et de coton; d'autres brodent des ornements d'église, des écharpes, des fichus frangés ou festonnés ; d'autres enfin relient des livres, aident à faire des chaussures ou occupent trois machines à tricoter.

Ph. Ch. Davant

Etablissements des Sœurs de la Providence de Culao-Gieng.
(la filature et les ateliers).

Les produits qui sortent de cet ouvroir sont fort appréciés par le public. Les sœurs avouent ne pas pouvoir suffire aux commandes qui leur sont faites et elles refusent tout engagement envers les maisons de commerce.

Ajoutons, en terminant, que cet important établissement, ouvert à toutes les misères humaines, l'est aussi largement à toutes les personnes qui désirent le visiter.

CHAPITRE VI

CULTE

LE BOUDDHISME

Dans les pagodes annamites, on célèbre chaque année trois fêtes religieuses en l'honneur des morts. Ces fêtes appelées « Cúng-rằm » ont lieu aux dates suivantes :

le 15 du 1er mois (Thượng-nguơn)
le 15 du 7e mois (Trung-nguơn)
le 15 du 10e mois (Hạ-nguơn)

A l'issue de ces fêtes, au cours desquelles les fidèles apportent des offrandes soit en nature, soit en argent, les bonzes distribuent des dons aux pauvres (viande, gateaux, fruits).

En outre de ces trois fêtes, les bonzes en célèbrent d'autres à l'occasion des anniversaires des dieux et des génies supérieurs.

Enfin, dans les pagodes consacrées au culte des génies tutélaires, il est célébré en l'honneur de ceux-ci, deux cérémonies annuelles, la première entre le 3e et le 6e mois, la deuxième entre le 10e et le 12e mois.

LES PAGODES

Il existe dans la province :

58 pagodes bouddhiques (Chùa Phật)
2 do cambodgiennes (Chùa Cao-Mên)
6 do chinoises (Chùa ông et Chùa Bà)
1 do des minh-hương (Chùa Minh-Hương)

Parmi ces pagodes, il convient de citer celles de Kiên-an (anciennement Kiên-Thanh) et de Tân-Thạnh, élevées par ordre de Minh-Mạng à la mémoire des deux grands mandarins tués au combat de Cù-Hú ; elles sont, l'une et l'autre, l'objet d'une grande vénération.

Citons encore la pagode de Thoai-Son (Núi-Sập) construite en 1817 en l'honneur du génie du lieu par le grand mandarin Thoai-Ngoc-Hâu qui fut chargé du creusement du canal reliant Longxuyên à Rachgia.

Signalons enfin la pagode de Dinh-Yên, la plus belle et la plus riche de la province.

Ph. Ch. Davant

Pagode de Kiên-an
(élevée à la mémoire du Chưởng-bình-Lễ).

LE CATHOLICISME

Jusque dans la seconde moitié du XVIIIe siècle, l'histoire semble muette sur le catholicisme dans la province de Longxuyên. Mais, à cette époque, la persécution sévissant en Annam et poursuivant les chrétiens jusqu'en basse Cochinchine, les catholiques s'éloignaient de plus en plus des centres populeux, se portaient vers l'Ouest où, au fond des nombreux arroyos et dans les îles, ils trouvaient un refuge plus sûr, d'où il leur était plus facile aussi de s'enfuir à l'approche des persécuteurs.

C'est, selon toute probabilité, au fond de l'arroyo de Cai-đôi, village d'An-boà que quelques familles vinrent se cacher pour former le premier noyau chrétien de la province ; l'histoire nous apprend, en effet, qu'en 1778, lors de la fondation de Mặc-bắc, un chrétien de Cai-đôi y prit part.

En cette même année 1778, deux familles de Cai-thía et une famille du Đồng-nai vinrent s'établir à Đầu-nước et devinrent les fondateurs de la

Ph. Ch. Davaul

Eglise de Culao-Gieng.

chrétienté actuelle de Cùlaogiêng. La famille venue des rives du Đồng-.
nai avait pour chef Lê-van-Sauh qui fut le grand père du Bienheureux
Phụng, arrêté à Cùlaogiêng en 1859 pour avoir reçu dans sa maison un
missionnaire français, M. Pernot, et le prêtre indigène Qui, M. Pernot put
se sauver à temps, mais le prêtre Qui fut arrêté en même temps que le

Ph. Ch. Davant

Intérieur de l'église de Culao-Gieng.

maître de maison. Tous deux furent conduits et incarcérés à Chaudoc. Le prêtre Qui fut condamné à être décapité et Emmanuel Phung devait subir le supplice de la strangulation. Ils furent exécutés ensemble à Chaudoc le 31 juillet 1859. Cinquante ans après leur exécution, ils furent proclamés Bienheureux par l'Eglise ; quelques mois plus tard, en septembre 1909, les vieilles gens de la région de Cùlaogiêng qui avaient été témoins de leur arrestation vinrent assister aux Triduums solennels par lesquels les chrétiens célébrèrent leur triomphe.

La chrétienté de Rạch-sâu fut fondée en même temps que celle de Cùlaogiêng par quelques familles venues de l'île de Hồ-cứ, alors au Sud de Cùlaogiêng, aujourd'hui disparue.

En 1779, plusieurs familles dispersées sur les arroyos entre Longxuyên et Omon se réunirent dans l'arroyo de Boot et formèrent la chrétienté qui porte ce nom.

Les chrétiens se multiplièrent dans la province tant par eux-mêmes que grâce aux nouvelles familles qui vinrent rejoindre les anciennes, et important était déjà leur nombre lorsque, en 1835, les Siamois firent irruption dans le pays et emmenèrent en captivité à Ban kok et à Sâmsen de nombreux habitants de la province, parmi lesquels un bon nombre de chrétiens de Cai-dôi et de Boot,

Vers 1845, il y avait déjà quelques familles chrétiennes au Chef-lieu de la province et sur les arroyos au Nord de la ville, de même à Dông-xut et dans l'île de My-hôi. En celte même année le prêtre Jacques Dương fonda la chrétienté de Năng-gù qui se développa rapidement.

Losque, en 1862, les chrétiens de Biên-hoa et de Baria furent brûlés vifs, une panique terrible s'empara de la plupart des chrétiens dont beaucoup s'enfuirent jusqu'au Cambodge, Déjà en 1861, sous la menace des païens, les chrétiens de Boot cherchèrent à gagner Mặc-bắc où ils espéraient trouver plus de sécurité ; mais en cours de route 72 furent massacrés à Binh-thuy (province de Cantho).

Après de nombreux orages, le beau temps vint enfin. Les chrétiens reprirent courage ; ils reformèrent leurs chrétientés, bâtirent des églises. des chapelles, des presbytères et des écoles.

Eglise de Nang-Gù.

A l'heure actuelle le catholicisme compte dans la province de Longxuyên quatre églises paroissiales Năng-gù, Bool, Cai-đôi et Cù laogiêng et 14 chapelles avec un total de 7563 chrétiens administrés par 3 Pères français, un curé et 3 vicaires indigènes.

Parmi les églises de la province, il en est deux qui méritent une mention spéciale : celles de Cùlaogiêng et de Năng-gù, la première de style roman la deuxième de style gotique.

Intérieur de l'Eglise de Nang-Gù.

Imprimerie d'Extrême-Orient.
Hanoi. — 8358.

IMPRIMERIE D'EXTRÊME-ORIENT
HANOI

www.ingramcontent.com/pod-product-compliance
Lightning Source LLC
LaVergne TN
LVHW050632060726
842527LV00004B/1279